中日ドラゴンズを哲学する

データを超えた
野球の〝楽しさ〟

福吉勝男
Masao Fukuyoshi

桜山社
SAKURAYAMA SHA

奈良市営の春日野野球場

撮影：谷井孝次氏
協力：河本勝氏

終戦後間もない1954（昭和29）年に、ドラゴンズのスプリングキャンプが行われた若草山麓の球場（奈良市雑司町）。球場には四角い小屋程度の建物があり、選手がトレーニングに励んでいた。杉下投手をはじめ、西沢一塁手、児玉三塁手、杉山外野手、本多外野手ら選手のすぐ近くまで見学に行くことができ、ファンとの距離が近かった。写真は1960（昭和35）年３月、奈良遷都1250年祭で撮影されたもので、稚児行列が同球場の横を通っている。

提供：中日新聞社

天知俊一監督が歓喜の胴上げ

1954（昭和29）年11月7日、中日球場で行われた日本シリーズ第7戦「中日対西鉄」。このシリーズは中日が西鉄を4勝3敗で破り、初の日本一に輝いた。選手に胴上げされ、一度、二度と宙を舞っているうちに思わず涙がこぼれ、熱涙にむせぶ天知監督。この年は130試合を戦い抜き、86勝40敗4引分、勝率.683の好成績だった。

はじめに　私と中日ドラゴンズ

春は名のみの風の冷たさである。しかしあちらこちらから梅の花だよりが届けられ、ふとみると庭の片隅では早咲きの水仙がまばゆいばかりの黄色の花姿をみせはじめる。そして2月1日からプロ野球の各球団がスプリングキャンプをスタートさせる。この2月は私の大好きな季節の一つなのである。私の気持ちは冬から春へと一気に開花し、〈生きている〉を実感させてくれるのだ。

このような感情を何時の頃から懐くようになったのだろうか。1943（昭和18）年に京都の現在の左京区（久多）に生まれた私は、父親の転勤（小学校教頭から校長）のため幾度か居を移した。当時はどの地域の子どもたちも遊びといえば男子の場合、晴れた日には屋外でテニスボールと手製の竹バットで野球をし、雨の日には屋根のある小さな広場や通路などで面子《めんこ》（別称「べったん」）をしたものであった。

面子の表面には当時の映画や歌手のスターとともに、プロ野球の有名選手たちの絵が描かれていた。友だちの間では圧倒的に野球選手が人気であった。読売ジャイアンツ（以下、一般呼称の「巨人」）の川上哲治や青田昇や別所毅彦、阪神タイガース（以下、「阪神」）の藤村富美男や土井垣武、西鉄ライオンズ（以下、「西鉄」）の大下弘や中西太ら……。これら選手のなかでも人気が高かったのは、川上や藤村らであった。面子で〈巨人―阪神〉の対抗戦を行ったりした。

日の暮れるのも忘れるほどに熱中した。しかし対抗戦といっても、いつも〈巨人―阪神〉ばかりでは飽きてくる。もっと多くの球団（の選手）が必要だ。そこで私が名を挙げたのが中日ドラゴンズ（以下、「中日」。愛称の「ドラゴンズ」と表記する場合もある）であった。当時、私の周辺では中日ファンは皆無であった。

そうして阪神、中日、巨人の対抗戦を行った。3チームの中心選手（大将とよんだ）はいうまでもなく藤村、西沢道夫、川上であり、背番号は順に10、15、16。自分が力強く地面に打った風圧で相手の面子を上手に裏返せば自分のものにできる。誰もが相手の面子に向かって打つ自分の面子の距離感、角度、風圧力、などについて創意工夫を重ねた。なかには自分の面子を打つ瞬間に、相手の面子の地面とのわずかな隙間に爪先を入れて裏返すという離れ業を駆使する強者もいた。成功すればよいが、失敗して爪先、指先を地面にしたたかに打ちつけてしまい、腫れたり出血したりする場合もある。

私の場合、西沢をはじめ杉下茂や杉山悟ら中日の選手から念力を授かるべく、学校から帰宅し夕食後、勉強は皆無で一生懸命にラジオでナイター放送を聴き、中日を応援した。

ラジオ放送の代表的なものはＮＨＫであった。しかしＮＨＫは毎夜、中日の試合を放送するわけではない。また家族のうち私ひとりでラジオを独占することはできない。ラジオは一家に一台の時代である。短波放送を含めできるだけ多くの放送局のチャンネルを聞けるように、鉱石ラジオを手作りしたこともあった。当時、日本短波放送やラジオ関東などは連夜、野球を放送していた。

早朝起床し、授業がはじまる1～2時間前に学校へ行き、いつもの仲間らと野球をやり、昼休みにも昼食などそこそこに済ませ、短時間でも野球を行った。午後の授業が終わると、日の暮れるまで思う存分野球に興じたものであった。これが晴れた日の日課であったため、雨の日は一番憂鬱で嫌な気分にさせられたものであった。

1954（昭和29）年2月の土曜日・午後、天候は曇天の寒い日であった。私は野球友だちと二人（ともに小学5年生）で中日のスプリングキャンプを見に行った。京都から当時の国鉄列車で40分ほどの奈良・若草山麓にある春日野野球場でのキャンプである。奈良は京都と同じく盆地になっていて、冷え込みが特に厳しい。当日も時々小雪が舞っていたように記憶している。

このような寒い地で何故、スプリングキャンプなのか。戦後もまだ9年目。全国各地は戦争時の空襲爆撃による被害のため、キャンプをする広大な土地、グラウンドの確保が困難だったのであろう。その点、奈良や京都は古都として爆撃を免れ、春日野野球場のような広大なグラウンドを無傷なまま確保できたのであろう。

厳しい寒さのなかであっても好きな中日のキャンプである。野球場に近づくにつれ、カーン、カーンという打球音が聞こえてくる。胸の鼓動が大きく速くなっていく。そして野球場に到着すると、憧れの選手たちが勢ぞろい。西沢が、杉山が、本多逸郎が、そしてまた杉下らが眼の前にいる。目映《まばゆ》いばかりの世界である。

野球場といっても、観覧席もなく、見物席とフィールドがロープで区分けされているだけだ。内外野フェンスもなく、周囲は多少高めのネットで覆われているだけ。無い無い尽くしの球場だ。

フリーバッティングが始まった。杉山（愛称デカちゃん）がポンポンと、ボールがピンポン玉のように小さくみえるほどに遠くまで飛ばし、外野のネットを越えて松林へと消えていく。近くのピッチング練習コーナーでは、眼鏡をかけた長身の杉下が快速球とともに、鋭く落ちるフォークボールを次々と投げ込んでいる。守備練習ではファーストの西沢や、ショートの牧野茂や、セカンドの国枝利通、井上登らが軽やかなグラブさばきをみせてくれる。またセンターの本多やライトの原田徳光が快足を飛ばし好捕するとともに、強肩を披露する。

こうした練習をみているだけで、私の気持ちは熱く燃え上がっていく。寒い気候もなんら気にならない。選手たちも投げて、打って、走ってと懸命に練習し、トレーニングに励んでいる。数時間の練習もあっという間に終わりに近づいてくる。選手たちはスタッフらとともに後片付けをはじめる。終わるとバスに分乗して宿舎の和風旅館（興福寺・猿沢池南向かい）へと向かう。同時に私たちも奈良公園を走り抜け、バスの到着より先に旅館前へ。バスから降りてきた選手たちに拍手をする。そうして私たちも暗くなりはじめた奈良を後にして帰宅した。

この１９５４年の奈良でのスプリングキャンプで大きな成果をあげたためであろう、中日はセ・リーグで優勝し、そしてパ・リーグの優勝チームである西鉄を破って、日本シリーズ初制覇を飾ったのである。

中学から高校、そして大学へ入ってからも、私の中日への向き合い方は変わらなかった。そして大学院を修了し、教職に就いてからも何ら変化しないできた。国内出張時にはテレビニュースなどで結果をチェックし、海外出張時においても新聞や、近年ではインターネットで情報を確認した。

1981（昭和56）年夏からの1年間の海外研修（西洋近代哲学の研究）で、ドイツのハイデルベルク（大学）とミュンヘン（大学）に暮らした。当時はまだインターネットが普及していなくて、3～4日遅れで届く日本の新聞を駅のキオスクで立ち読み（スポーツ欄のみ）し、中日の順位を確認したものであった。

こうした中日との付き合いを続けてきたが、その結果はかならずしも芳しいものではなかった。1954年のセ・リーグ優勝と、日本シリーズ初制覇の後は、リーグ優勝も10年や20年の間を空けるのが常であった。ちなみに、2度目・1974年以降の優勝年は次のとおりである。3度目・1982年、4度目・1988年、5度目・1999（平成11）年。日本シリーズ制覇に至っては、1954年の次は2007年（この年のリーグ順位は2位）まで53年間も待たざるをえなかった。

セ・リーグの優勝さえなかなか困難な時期を経て、２００４年に就任した落合監督の時代に、在任８年間でリーグ優勝４回（通算で、６度目・２００４年、７度目・２００６年、８度目・２０１０年、９度目・２０１１年。日本シリーズ制覇・２００７年）を含め、全てＡクラスを確保した。中日の全盛期、黄金期を迎えたのであった。

しかし落合監督の退任後、１年間をおいて２０１３年から今日まで7年連続のＢクラスに低迷している。その原因は何なのか。低迷から脱却して、中日が復活するには何が必要なのだろうか。

以下で、戦後のプロ野球の約70年を〈中日ドラゴンズの歴史〉を中心に振り返り、その時期は日本の〈時代、社会史〉のどのような画期にあり、同時に私自身の〈個人史〉を刻んできたものと交差させ、回顧しながら、中日復活のヒントを探り、アイデアを提案してみたいと考えている。

中日ドラゴンズを哲学する　データを超えた野球の〝楽しさ〟　目次

戦後復興期のプロ野球熱

第1章　念願の初優勝と日本一

――天知監督　歓喜の胴上げ

1954（昭和29）年はどのような年であっただろうか。それは戦後の50年にプロ野球がセ・パ二リーグに分かれた後の、中日初優勝の記念すべき年であったのだ。

45年8月15日に終戦。翌年の11月3日に新しい憲法＝日本国憲法が公布され、翌々年の5月3日に施行された。長い戦争が終わり、平和国家として日本は歩みはじめた。

とはいえ、日中戦争からはじまり15年間にわたるアジア全域と太平洋にまで及ぶ戦争によって多数の戦死者を出し、また二度の原爆投下と激しい空襲による全国国土の荒廃は想像を絶するものであった。人々の生活は、食糧の確保が第一優先すべき重要事となった。

住宅や学校などの建物以外のあらゆる土地には、米や麦や野菜や果物をはじめとした作物が植え付けられ、またいろいろな家畜が飼育された。子どもたちにとって遊びや授業のために大切な学校の校庭、運動場の一部でさえ、さつまいもやカボチャなどのための畑へと早変わりしたものであった。全国民にとって戦後復興の第一の課題は、いかに知恵をしぼり工夫して食べ物を収穫するかということであった。

こうした激しい食糧難の時であっても、子どもたちに何よりも大事であったのは、思う存分〈遊ぶことができる〉ということであった。灯火管制もなければ空襲警報による度々の避難も必要でなくなり、夜は安眠でき昼は一日中、遊ぶ自由を謳歌することができるようになった。

54年といえば、戦後まだ10年しか経過していない。しかし多種のスポーツが振興し、また映画、音楽、演劇など芸能文化も新たに大きな成長の息吹を見せ始めていた。そのような中で、私などはまずもって野球に興じることになった。

野球といっても小学生の頃は、テニスボールを投手が下手で投げたのを打者が手製の竹バットで打つわけである。中学生になってはじめて軟球使用の野球になった。投手が上手から投げた球を打者が木製バットで打ち、グローブをはめた守備側が打球を処理してセーフ、アウトを競い合っていく。小学生の時は友だち仲間と、中学生の時代には野球部の一員として、晴れた日には土曜、日曜もなくほぼ毎日、野球をやったものである。

そのような状況の中で、54年前後にはラジオとテレビのマスメディアの世界に大きな変化が現れた。まずラジオについていえば、51年9月1日に中部日本放送（後のCBCラジオ）が民放ラジオとして初めて開局し、以後54年頃までに毎日放送、朝日放送、ラジオ東京、文化放送はじめ地方局が全国に次々と開局していった。

その中で私など野球ファンにとって忘れられないのは、日本短波放送の開局である。日本短波放送は54年8月27日に開局するが、その翌日からほぼ連日、プロ野球のナイターを放送したからである。8月28日に後楽園球場から〈大映（スターズ）対西鉄〉戦、翌29日に大阪スタヂアムから〈大洋松竹（ロビンス）対巨人〉戦を実況中継した。

こうして日本短波放送とプロ野球ナイター放送とは切っても切れない関係となった。解説者は小西得郎や飯島滋弥ら往年のファンには懐かしい顔ぶれであり、彼らの個性ある名調子に子どもながら魅了されたものであった。

ラジオとともにもう一つの代表的なメディアであるテレビでも、54年前後にはプロ野球放送が開始された。日本で初めてのプロ野球放送は、NHKが53年8月23日に〈阪急（ブレーブス）対毎日（オリオンズ）〉戦をナイター中継した時である。ちなみに民放テレビでの最初の放送は、日本テレビによる53年8月29日〈巨人対阪神〉戦であった。

以上のように、54年前後にはラジオやテレビというマスメディアによりプロ野球が放送されるようになり、プロ野球が急速に国民のなかに浸透していくことになった。

プロ野球人気だけでなく54年頃には、多くのスポーツ分野で振興の状況が現れてきた。プロボクシングにおいては、すでに52年に白井義男がフィリピンのダド・マリノを破り、世界フライ級の王座を獲得していた。敗戦国日本からの世界チャンピオンの誕生は、日本人の誇りと自信の回復にとって大きなきっかけの一つとなった。

またプロレスリングも、戦後復興期に名をなしたスポーツイベントとして忘れてはならないものであろう。大相撲で人気を博しつつあった力道山（当時、関脇）が突然引退し、プロレスラーとして活躍しはじめた。54年に柔道日本一の木村政彦とタッグを組み、アメリカの強敵シャープ兄弟と全国各地で14連戦行った。前年に開始されたテレビ放送による強いインパクトのためか、〈力道山の空手チョップ〉に象徴されるプロレスブームが湧き上がっていった。

プロレスと相前後して、日本人にとっては何といっても馴染みの深い大相撲の、戦後の第1次ブームである〈栃錦・若乃花〉（栃若）時代が幕を開けることになる。

栃錦（1925〜90）は若乃花（1928〜2010）より3歳年長であり、入門も入幕も、また大関および横綱への昇進においても、いずれも数年早い。栃錦の大関昇進は53年1月場所、横綱昇進は55年1月場所においてである。若乃花の大関および横綱昇進は56年1月場所と58年3月場所においてだ。

しかし通算の勝数もほぼ同じ（栃錦513勝、若乃花546勝）、優勝回数は同数の10回ずつである。両者の直接対決では通算、栃錦19勝、若乃花15勝で栃錦が若干優位であるが、両者の横綱時代の対決では若乃花が6勝4敗とリードしている。

このように実力伯仲の栃錦と若乃花のどの対決も長時間の熱戦であり、全国の相撲ファンを二分し、ラジオ、テレビの前に釘づけにしたのであった。

若乃花のファンであり、より以上に栃錦ファンであった子どもの時期の私にとって特に忘れられない、両横綱による二つの対決がある。一つは、59年7月場所で栃錦が若乃花に勝ち、全勝優勝を飾った時である。もう一つは、60年3月場所での両者14勝全勝同士、千秋楽で対戦した時だ。若乃花が勝利し、優勝。次の5月場所二日目の取組後、栃錦が引退を表明したのであった。

ここに〈栃若〉時代は終焉し、そして〈柏戸・大鵬〉(柏鵬)時代へと大相撲は新たなステージへ歩を進めていく。

戦後日本の芸能関係全般からみても、また一種の社会現象としても衝撃的な事件は、美空ひばり(1937〜1989)という天才少女の出現であった。ひばりは幼少時からのど自慢などで活躍し、11歳でレコードデビュー。12歳で映画「悲しき口笛」(松竹、1949年)で主演。同名の主題歌も大ヒットした。続いて50年の映画「東京キッド」に主演、翌年の映画「鞍馬天狗・角兵衛獅子」に当代一の時代劇役者であった嵐寛寿郎(主演)と共演し、二作と同名主題歌もヒットした。そして52年にひばりの代表作の一つ「リンゴ追分」が発売され、70万枚の大ヒットとなった。ここにわずか15歳にして国民的スターになったのだ。

ひばりの前進は止まらない。54年「ひばりのマドロスさん」、そして翌55年には東宝映画「ジャンケン娘」に江利チエミ、雪村いづみと共演し、これを契機にして「三人娘」としても以後長く活躍していく。

こうみてくると1954年前後の時期に、美空ひばりは10代後半にしてすでに歌謡、映画など芸能界のリーダーの一人に躍進していたといえる。

54年前後の芸能界に関して、子どもの時期の私たちにとって忘れることができないいくつかの出来事がある。一つは、中村錦之介(初代、後の萬屋錦之介。1932〜97)と東千代之介(1926

〜2000）らが主演した映画「笛吹童子」（東映、1954年）である。これのもとになったのはNHKのラジオドラマで、53年1月5日〜12月31日まで放送され、私などは笛吹童子の過酷な運命の成り行きにワクワクドキドキしながらラジオを聴いたものであった。錦之介、千代之介は大川橋蔵（1929〜84）らとともに、以後の時代劇映画スターとして活躍していく。長谷川一夫、市川右太衛門、嵐寛寿郎らの他に、子どもたちの面子の絵にもよく描かれた若手俳優の代表たちであった。

もう一つもラジオドラマであり、それは「君の名は」（菊田一夫・脚本）である。このドラマは52年4月10日から54年4月8日まで、毎週木曜日夜8時半から放送された。45年5月の東京大空襲の夜に数寄屋橋で偶然出会った氏家真知子と後宮春樹の若い男女が、無事生きていればこの橋の袂での半年後の再会を約束して別れる。しかしすれ違いの連続でドラマが進行していく。そして一年半後に再会できた時……。

ハラハラドキドキの連続で、放送時間帯には銭湯の女湯はどこも空になってしまう、との伝説が生まれたほどの人気だった由。53年に松竹がラジオドラマ終了前にいち早く映画化し、岸惠子（真知子）と佐田啓二（春樹）のコンビで大ヒットしたものであった。姉たちは真知子と春樹のドラマを聴いていたが、私は鉱石ラジオでナイター放送を聴いていたのはいうまでもない。

ラジオドラマとともに、小学5年生頃の私にとって忘れることのできない二作の日本映画がある。一作は木下惠介監督、高峰秀子主演の「二十四の瞳」（松竹、54年）であり、もう一作は宇野重吉・花井蘭子主演の「しいのみ学園」（新東宝、55年）だ。

『二十四の瞳』の原作は52年に発売された壺井栄の同名の児童向け小説で、瀬戸内の小島の小学校を舞台に大石先生（映画では高峰秀子演じる）と12人の生徒との学校内外での様々な交わりを描写している。小島の数少ない住民と子どものささやかな日常生活に対してさえも、第二次世界大戦に突き進んでいかざるをえないなかでの戦争の与える影響の悲惨さと、その事態への大石先生の心温まる対応が描かれていて感動的であった。

もう一作の『しいのみ学園』は、当時福岡学芸大学教授であった山本三郎（後の昇地三郎）の同名書が刊行されベストセラーになったのを機に映画化された。〈しいのみ学園〉とは、54年に山本教授が知的障害児の施設として開園したものだ。山本夫妻と職員たちの文字通りの奮闘により可能になった、障害児の人間らしい生を生きる姿が感動的に表現されていて深く記憶に残っている。現在の養護学校、児童福祉施設の先駆的なものとして貴重であったと思われる。

敗戦のわずか4年後の49年に、湯川秀樹（１９０７～81）は日本人初のノーベル賞（物理学）を受賞した。水泳の古橋廣之進（１９２８～２００９）も同年に、ロサンゼルスで行われた全米選手権に招待され、４００、８００、１５００ｍ自由形で当時の世界新記録を樹立している。

これらを出発点にして、戦後の日本人の新たな歩みがはじまった。それから5年後の54年頃には、日本の広い地域で、また日本人の生活と文化の多方面で豊かな芽吹きがみられたことであった。それが今まで私の実体験における感動事の数々として指摘してきたことである。大相撲あり、プロレスあり、歌謡曲あり、映画あり、小説ありであったし、ラジオやテレビのマスメディアの振興などであった。こうしたなかの一分野として私が特に興味を感じ、いま過去を顧みながら詳しく論じたいと思っているプロ野球があったのだ。

では、54年の中日の戦いぶりはどのようなものであっただろうか。公式戦に入る前に、まず球団の組織をはじめ環境整備が図られた。1月14日に球団名を「名古屋ドラゴンズ」から「中日ドラゴンズ」へと改称し、同月30日には中部日本新聞社のみを親会社にすることが決められた。そして天知俊一が3年ぶりに監督に復帰した。

これらを土台にして、2月1日から奈良・春日野野球場でスプリングキャンプがはじまった。冬季の冷え込みが特に厳しい奈良がキャンプ地（翌年も同所）に選ばれた理由は何なのか。この年以前には静岡・伊豆であったり、以後は鹿児島や大分などの九州地方で、国内の2月としては比較的温暖なところがキャンプ地に指定されている。この傾向は他の球団もほぼ同じだ。

奈良キャンプ選定の理由は判然としないが、温暖といった気候の点よりも、野球場という場所の確保の確実さが優先されたためではないかと私は考えている。冷え込みが厳しくとも、それ故に怪我や故障のないよう選手たちにはより一層精神を研ぎ澄まし、練習やトレーニングに集中することが求められるのだ。

奈良でのスプリングキャンプの成果が問われるべく、いよいよ4月3日に54年度セ・リーグのペナントレースが開幕した。1951～53年まで巨人が3連覇しており、2位と3位は中日と阪神のどちらかの指定席のようになっていた。したがってリーグ優勝するには、下位球団への取りこぼしを出来るだけ少なくしたうえで、対巨人戦をいかに戦績よく収めるかということに尽きるのである。

巨人との最初の対決が4月24日に中日球場であった。延長16回までもつれた末、4対3で中日が逆転サヨナラ勝ち。このカードを中日は2勝1敗と勝ち越した。この対巨人戦の最初のカードの勝ち越しが、その後の戦績に大きく影響したのはいうまでもない。

8月中旬に中日は首位に立った。とりわけ杉下の活躍が光っていた。天王山ともいえる国鉄、巨人、阪神7試合に連続して登板し、39イニング・失点2の好成績を挙げた。9月下旬の巨人戦ダブルヘッダーにおいても杉下の活躍で連勝。優勝をぐっと手繰り寄せ、そしてシーズン終了1週間前の10月19日に優勝決定。2位巨人とは5・5ゲーム差だった。

西沢、杉山、児玉利一の主砲、さらに原田徳光、野口明らのベテランと、本多逸郎、井上登、河合保彦、岡嶋博治ら若い力とがうまく連携し、噛み合ったのだった。彼らが天知監督の下で一丸となりつかんだ初優勝であった。

〈ベストオーダー〉

1．（中）本多逸郎　6．（捕）野口　明
2．（右）原田徳光　7．（二）井上　登
3．（一）西沢道夫　8．（遊）牧野　茂
4．（三）児玉利一　9．（投）杉下　茂（63）、石川克彦（43）、空谷　泰（28）
5．（左）杉山　悟　徳永喜久夫（28）、大島信雄（18）、服部受弘（17）

（　）内は出場試合数

セ・リーグを制した中日は、パ・リーグで初優勝の西鉄と日本シリーズを戦った。レギュラーシーズンの場合と同じように、中日はエース杉下の大活躍で初制覇を飾った。杉下は7試合中5試合に投げ、中日4勝中の3勝を挙げ最高殊勲選手に選ばれ、さらに最優秀投手賞も受賞した。

試合内容を詳しくみてみると、中日、西鉄の両チームとも投手がよくがんばったシリーズであった。中日4勝のうち2試合完封（杉下、石川克彦・杉下）、残り2勝（杉下）も与点が1点と2点というごく少ないものであった。西鉄の方も3勝のうち2試合完封（河村久文、川崎徳次）、残り1勝（川崎）も与点が1点であった。

第1・2戦は中日球場で開催。第1戦は杉下―西村卓郎の投げ合いで1対1のまま終盤に入った。中日は8回、児玉の2ランを含め一挙4点を奪って先勝した。杉下は日比野武にソロホームランを許しただけで、12奪三振を奪う好投だった。

第2戦は石川↓杉下と継投し、西鉄を散発6安打に抑え完封。攻めては5回に西沢の2ランで先制、6回も追加点を挙げて連勝した。

第3～5戦は西鉄の本拠、福岡平和台野球場で開催。第3戦の中日は西鉄の河村にわずか2安打に抑えられて完封負け。第4戦も西鉄・川崎の好投で、連続完封負けを喫した。この試合では杉下が11安打を浴びて3点を奪われた。翌日の第5戦にも杉下が連投。打線が奮起し、3対2で辛勝した。

これで中日の3勝2敗と、シリーズに王手をかけ中日球場へと向かった。第6戦の中日は杉下を温存し、石川を先発に立てた。西鉄は第4戦で完封勝利したベテラン川崎が先発。西鉄は川崎↓河村↓大津守と主力投手の継投が成功し、打線もつながって4対1で勝利。これで両チーム3勝3敗。翌日、決戦のシリーズ最終戦・第7戦が中日球場で行われた。

中日・杉下、西鉄・河村という両チームのエース同士の対決となった。両投手の投げ合いはともに一歩も譲らず、1点を争う接戦となった。中日は7回、安打の河合保彦を一塁に置き、井上が左中間を破る三塁打。河合が一挙にホームインして、決勝点を奪ったのだった。杉下はフォークボールの連投で、西鉄を完封。中日が待望の日本一の座についた。

このシリーズの最大の特徴は、両チームとも投手陣のがんばりが目立ったという点だ。7戦のうち2戦ずつの計4戦が完封であったし、他3戦もロースコアでの勝負となった。投手のなかでも特に杉下の奮闘が光った。そして得意のフォークボールが威力を発揮した。杉下が最高殊勲選手に選ばれ、同時に最優秀投手賞を受賞したのは当然であった。だが、杉下投手との関係で一人の選手に大きな変化があったことに私は注目しておきたいと思う。

レギュラーシーズンのベストオーダーの個所で〈捕手―野口明〉と指摘しておいた。記録をみてもその通りである。出場試合数をみると、野口(77)、河合(65)、加藤進(24)となっていて、野口の試合数が一番多く、正捕手の役割を担っていたことが分かる。ところが、日本シリーズでは野口(4試合)や加藤(2試合)よりも河合(全7試合)が主にマスクを被っていたのだ。

杉下投手との関係での一人の選手の変化とは、この河合選手のことである。日本シリーズで河合はサブからメインの捕手に成長していたのだ。投手は捕手とのよき関係があってこその投手なのである。シリーズ通しての杉下の成績は、全7試合のうち5試合に登板し3勝(全て完投、内2試合は完封)1敗(完投)、投球回(38と3分の2)、自責点(6)、防御率(1・38)という見事な成績であった。だがこの成績もコンビを組んだ河合捕手との合作であった、といわねばならいと私は思う。

（54年レギュラーシーズン・日本シリーズの経緯について『70年史』54～57頁参照）

コラム　記憶に残る選手たち①　杉下茂と西沢道夫

杉下（1925～）は「フォークボールの神様」と呼ばれ、西沢（1921～77）は「初代ミスタードラゴンズ」と称されたように、二人は中日を代表する投打の主力選手であるだけでなく、プロ野球史に輝く名選手でもある。

杉下は快速球とフォークボールを武器に史上初の沢村賞3度受賞、1950～55年まで6年連続20勝以上を挙げ、57年、プロ入りわずか9年で200勝を達成している。杉下の特に目覚ましい活躍は54年のセ・リーグ初優勝と、本文ですでに述べたように同年の西鉄と戦った日本シリーズ初制覇時のものである。リーグ戦では32勝の最多勝をはじめとして投手5冠に輝き、優勝を争った対巨人戦ではチームの14勝（12敗）のうち、杉下は11勝（5敗）を稼いだ。日本シリーズでは、7試合中5試合に投げ、うち4試合完投の大活躍。3勝1敗でMVPに輝いたのだった。

（杉下の成績データについて『80年史』86頁参照）

西沢選手は、戦前は投手として活躍し、戦後は周知のように名一塁手として鳴らした。49年に37本塁打、翌年には46本塁打と活躍。この46本塁打には5本の満塁本塁打が含まれており、これは一シーズンの日本記録である。また52年に、打率3割5分3厘で首位打者、98打点で打点王の二冠を達成。54年のセ・リーグ初優勝時には打率3割4分1厘、打点80、本塁打16と打撃陣の中核として活躍した。また同年の日本シリーズでも首位打者＝西沢一塁手として受賞し、日本一に大きく貢献した。引退後は中日の監督としても活躍し、在任4年のうち3年連続で2位を確保した。背番号15は永久欠番になっている。

（西沢の成績データについてWikipedia参照）

杉下、西沢の二人のビッグスターとには、私にとって忘れることができない感動深い出会いがあった。それは54年2月、奈良でのスプリングキャンプを友人と見学に行った時のこと。私に向かって、「僕は野球やってるの。〈キャッチャー以外どこでも好き〉。それはいい。これからも野球も勉強も一所懸命がんばりなさい。大きくなったらおじさんたちのチームで一緒に野球をやろうよ」。見上げるような高いところから、少し鼻にかかった声（杉下選手）と温和な美声（西沢選手）で励ましてくれた。そしてグローブのようなとてつもなく大きな、温かな手で握手してくれたのであった。

高度経済成長と並走

第2章　皆、待った20年ぶりの優勝

——与那嶺監督　巨人V10阻止

中日の初優勝は1954（昭和29）年。2度目の優勝は1974年。この間にはなんと20年という長い時を要した。そしてこの20年間で最も重視すべきことは、巨人がセ・リーグとともに日本シリーズを9年間にもわたり連続制覇したという事実である。プロ野球史上未曽有の出来事であり、恐らく今後もこの記録は破られないであろう。何故、このような記録がつくられたのか。その要因や背景などについて十分な検証が必要である。その要因の一つとして、セ・リーグで巨人の9連覇を許した我が中日の戦いぶりの検討も不可欠な事柄である。

このようなことを考慮して、初優勝の翌年・55年から2度目の優勝の前年・73年（巨人9連覇の最終年）までの間を以下のように二区分して検討してみたいと思う。

（1）1955年〜64年［高度経済成長の助走から展開期］

この間もさらに二区分する。

①　1955年〜59年——巨人、セ・リーグ5連覇。西鉄、日本シリーズ3連覇↓〈高度経済成長の助走期〉

第二次世界大戦後も10年が経ち、日本の経済は確かな再生の道を進みつつあった。「神武景気」と称された56年には、『経済白書』で「もはや戦後ではない」と宣言されたほどである。神武景気には「岩戸景気」（59年）が続いていく。経済の分野の他においても大きな明るい出来事が生じた。それは「ミッチー・ブーム」（58年）といわれたものだ。皇太子（後の平成天皇）妃に決まった正田美智子さんにまつわる様々な事柄（例えば彼女の趣味のテニス、ファッション等）が多くの国民から支持され受け入れられて、一種のブームを呼んだのである。

しかし明るい話題ばかりではなかった。その最たるものは59年9月26日夜に紀伊半島から東海地方を台風が直撃したことである。伊勢湾沿岸の愛知県、三重県を中心に甚大な被害を受けたところから「伊勢湾台風」とよばれた。死者4697人、行方不明者401人、負傷者38921人。人的、経済的な被害の規模の大きさから、明治以降における最大級自然災害の一つとされている。

明るい話題と暗い話題が交錯するのは世の常といえるであろう。明暗が交錯し、また古いものが新たなものへと席を譲って時代が進行していく。プロ野球の世界でも58年に一つの大きな出来事が生じた。我が中日ファンからすると暗にあたる、初代「ミスタードラゴンズ」の西沢道夫が引退した。他方で明に他ならない、後の「ミスタージャイアンツ」、否それどころかミスタープロ野球・希望の星と称された長嶋茂雄が入団したのだ。

西沢の引退、長嶋の入団といった一つの画期点をなす55年～59年頃のプロ野球の詳しい推移はどのようなものであっただろうか。セ・リーグでは巨人が圧倒的に強く、5連覇を達成した。この間、中日は2位が2度、3位が3度と5年間通してAクラスであった。

中日の2位、1度目は55年。天知監督に代わって指揮を執った野口明監督の初年度である。2位とはいっても優勝の巨人との差は15ゲームだったのであるから、ペナントレースの価値からすれば無いに等しかったといってよいかもしれない。しかし、中日は後半戦に入って7月28日から8月18日まで15連勝のリーグ記録を達成し、巨人とのゲーム差を3にまで縮めて、巨人を慌てさせる場面もあった。もう一つの注目点は、杉下投手が5月10日の国鉄戦で1―0のノーヒットノーランを達成したことだ。出した走者は後の大投手・400勝の金田正一であった。金田は、当時すでに国鉄スワローズ（以下、「国鉄」）のエースとして杉下や別所らとともにセ・リーグを代表する投手になっていた。この金田に与えた四球だけの、つまり準完全試合であった。

中日の2位、2度目は59年であった。この年は、現役を引退した杉下（33歳）が監督就任1年目の指揮となった。天知前監督がヘッドコーチとして杉下を支えた。戦力補強も上手くいき、中日の主力打者として後に首位打者にも輝き活躍した江藤慎一や、投手として活躍した板東英二、河村保彦らが入団した。

ペナントレースの前半戦は下位に低迷。後半から終盤にかけて追い上げ、阪神と同率の2位になった。西沢の抜けた打撃面を森徹、江藤らががんばり補った。森は本塁打31、打点87を挙げ、入団2年目にして本塁打、打点の二冠に輝いた。新人の江藤も打率2割8分1厘、本塁打15、打点84と立派といえるほどの活躍であった。投手陣では児玉（旧姓空谷）泰が初めて20勝投手になった。しかし彼に続く者が出なかった。

55～59年のセ・リーグは巨人の一人勝ちの状況であったといってよい。そうしたリーグ最強の巨人でさえ、この5年間に日本シリーズを制したのは1度だけ（55年）であった。つまりパ・リーグ天下の時代であったのだ。特に注目すべきは、56～58年の西鉄による日本シリーズ3連覇の偉業である。

三原脩監督のもとに結集した西鉄は、強かった印象が鮮明にある。稲尾投手、中西、大下、豊田泰光、高倉照幸、関口清治、仰木彬ら野手、それぞれ実力を備えた個性派ぞろい、野武士軍団と称されていた。強い巨人も歯が立たなかったというのが実感である。特に稲尾の存在は絶対的であった。日本シリーズは最多でも7戦（4勝先勝の競い）しかない短期決戦である。絶対的エースが大活躍すればチャンピオンフラッグに直結するわけである。

日本シリーズ3連覇の稲尾投手の活躍状況をピックアップしておくと、次のようである。

・56年シリーズ（西鉄4勝2敗）―登板数6、完投数1、勝利数3、最優秀投手賞、敢闘賞

・57年シリーズ（西鉄4勝1分け）―登板数2、完投数2、勝利数2、最優秀投手賞

・58年シリーズ（西鉄4勝3敗／3連敗から4連勝）―登板数6、完投数4、勝利数4、最優秀選手賞、最優秀投手賞

ごらんのように3連覇中の稲尾の活躍はお見事という他ない。最優秀選手賞1回、最優秀投

手賞3回であるから、文句なしに3連覇の最大の功労者なのだ。とりわけ58年シリーズは今日まで語り草になっている活躍ぶりであった。

西鉄3連敗（巨人3連勝）から4連勝の、奇跡の逆転日本一はどうなされたのだろうか。

西鉄は第1戦から第3戦まで3連敗しているが、実は稲尾は第1戦と第3戦で先発し負け投手になっている。雨天順延により中1日をはさみ、第4戦に3度目の先発で1勝。第5戦に4回表からリリーフ登板し、自らサヨナラホームランを打ち、勝利。そして第6・7戦と二日連続で完投勝利。西鉄ライオンズは3連敗から4連勝し、逆転日本一に輝いたのだ。

このシリーズでの稲尾の活躍は想像を絶するものであった。7試合中6試合に登板、第3戦以降は5連投。うち5試合に先発し4完投した。まさに「神様、仏様、稲尾様」といわれるほどの大活躍だったのである。

（試合経過のポイントと選手の記録の詳細についてWikipedia参照）

コラム　記憶に残る選手たち②　稲尾和久

稲尾（１９３７〜２００７）は活躍の仕方や実績から、「鉄腕」とか「神様、仏様、稲尾様」と称されてきた。想像を絶するような数々の記録からしてプロ野球界のレジェンド中の最たる選手の一人である。１９５６年の高卒プロ１年目には、21勝６敗、防御率１・０６（最優秀防御率賞）、新人王のタイトル。57年にはプロ野球記録（当時）のシーズン20連勝、そして35勝。結果、史上最年少でリーグＭＶＰ受賞。58年シーズンでは33勝をあげ、史上初の２年連続のＭＶＰに輝く。59年に30勝をあげ、史上唯一の３年連続30勝。61年には78試合に登板し、スタルヒンに並び史上最多タイのシーズン42勝を挙げている。62年に通算２００勝達成、25歳86日での達成は金田正一選手に次ぐ年少記録だ。プロ入り７年での達成は史上最速である。63年も28勝で、プロ入り８年連続20勝以上はまさに「鉄腕」だ。

投手としての様々な記録、受賞は書ききれないほどの多さである。そのようななかでも最も感動的で劇的な一番の時期がある。それは１９５６〜58年にかけて、巨人と戦い日本シリーズ３連覇を飾ったときの、特に58年シリーズでの活躍ぶりだ。その詳細については本文中ですでに述べているので省略するが、繰り返し強調しておきたいほどにこのシリーズでの稲尾の活躍は想像を絶するものであったのだ。７試合中６試合に登板、第3戦以降は5連投。うち5試合に先発し4完投した。優勝時の福岡の地元新聞には「神様、仏様、稲尾様」の見出しが躍ったようだ。

（稲尾の成績データについて Wikipedia 参照）

このシリーズには、実は新人の長嶋茂雄選手も登場している。レギュラーシーズンにおいて、新人にして打点王とホームラン王に輝き、新人王を手にし、すでに巨人の4番バッターという重責を担っていた長嶋選手でさえ、稲尾投手には抑えられてしまったのである（対稲尾、19打数3安打3打点）。

この稲尾の大活躍は私が中学1年生の時で、土曜、日曜にはラジオを聴き、またテレビで見ていた。学校のある時は当日のニュースを見聴きし、また翌日の新聞で詳しく確認した。そして深く感動し、強く心に刻まれたものである。数年後大学に入学し、1年の外国語、ドイツ語の時間に面食らってしまったのだ。英語はすでに数年間、既習で高校時代と変わらない印象であったが、ドイツ語ははじめての外国語である。あっという間に前期の授業が終了し、そして定期試験。結果はみごとに赤点＝不合格であった。クラスの半数以上が赤点だったように記憶している。後期に入ってまたドイツ語の授業（別の教員担当）があり、前期の二の舞を演じたくないとの思いから、クラス仲間と相談し、鈴木さん（一度大学を卒業し、社会人になって再度勉強のため入学した方）にテキストの全文和訳をお願いした。その甲斐があってクラス全員が合格。その時の鈴木さんへの願い文句が〈稲尾〉をもじって、「神様、仏様、鈴木様」であった。私たちの大恩人の鈴木さんは数年前に亡くなった。合掌

②　1960年〜64年─セ・パリーグとも各球団勢力均衡↓〈高度経済成長の展開期〉

この期の5年間のセ・リーグは、巨人（優勝2度、日本シリーズ2度制覇）、阪神（優勝2度）、大洋ホエールズ（以下、「大洋」。優勝1度、日本シリーズ1度制覇）等にみられるように、多球団による戦力均衡の状況にあった。パ・リーグの方も、南海ホークス（以下、「南海」）、西鉄、東映フライヤーズ（以下、「東映」）、毎日大映オリオンズ（以下、「大毎」）などの均衡にあった。この間の中日の成績は、60年（5位）、61年（2位）、62年（3位）、63年（2位）、64年（6位）。常時Ａクラス確保を目指すチームとしては不安定な成績で、5位、6位の1度ずつはなんとも屈辱的な結果であった。

チーム成績は惨めであったが、個々の選手ではみごとな活躍もみられた。その最たる選手は権藤博投手であった。61年に入団の権藤は直ぐに35勝19敗で最多勝など、投手部門のあらゆるタイトルを独占。新人王や沢村賞にも輝いた。チーム試合数の半数以上に登板し、「権藤、権藤、雨、権藤、雨、雨、権藤、雨、権藤」といわれたほどに、雨で中止以外の試合に全て登板の時期さえあった。62年も権藤は30勝を挙げている。

なお、この62年にはニューカムとドビーという米野球界の元スターが入団し、鮮烈な印象を与えてくれた。二人とも引退し2年ほど経過していたが、ニューカムは投手でＭＶＰに輝いたこともあり、ドビーも2度のホームラン王になったレジェンド。米野球界との本格的な深い繋がりの出発点になった画期的な年であった。

この期のチームとして興味深いのは、なんといっても60年の大洋のセ・リーグ初優勝と同時に、日本シリーズ初制覇ということである。大洋は前年まで6年連続最下位で、セ・リーグのお荷物とさえいわれていた。その大洋が監督として迎えたのは、西鉄を日本シリーズ３連覇に導いた知将・三原であった。三原は秋山―土井のバッテリーを中心に、近藤和彦や近藤昭仁、また桑田武らの野手陣を整備し、巨人他を制してリーグ初優勝を飾った。

そしてなによりもみごとだったのは、大毎を4勝0敗のストレートで日本シリーズ初制覇を達成したことである。世にいわれる「三原マジック」が如何なく発揮されたのだ。三原マジックとはどのようなものなのか。先発完投型があたりまえに重視されていたなかで、投手の分業制、つまり継投策を用い「一人一殺」といった投手起用で勝ちを呼び込む方法である。その結果として1点差の接戦勝利が多くなり、実際ペナントレースではこの年34回を数えた。

日本シリーズ戦前の予想では山内一弘、榎本喜八、葛城隆雄、田宮謙次郎ら強打の「ミサイル打線」を誇る大毎有利というものであった。しかし結果は、全4試合1点差で大洋のストレート4連勝に終わったのだった。第1戦（1対0）、第2戦（3対2）、第3戦（6対5）、第4戦（1対0）というように、1点差勝利の大洋は、4戦とも投手の完投はなく、2〜4投手による継投となった。第1戦は、鈴木隆→秋山登。第2戦は、島田源太郎→権藤正利→秋山。第3戦は鈴木→秋山→権藤→大石正彦。第4戦は島田→秋山。秋山は大洋の誇る絶対的エースである。同世代の投手でいえば、西鉄の稲尾や南海の杉浦忠らに匹敵する完投型の好投手だ。しかし三原監督は、あの日本シリーズ3連覇の時期の稲尾のような投手起用（7試合のうち5試合先発、4完投）、つまり先発完投を担わせなかった。秋山は4試合ともリリーフとして出場（4連投）し、2勝を挙げた。この2勝とも、鈴木（第1戦）および島田（第4戦）を引き継いで（2投手共同による）完封勝利ということに、大きな意味があるといえるのである。

日本シリーズでの最優秀選手賞は近藤昭仁、優秀選手賞は近藤和彦、そして最優秀投手賞は秋山となった。これをみても分かるように、投打相乗総力結集させての、三原監督の名采配による大洋日本一であった。

(2) 1965年〜73年［高度経済成長の最盛期］―巨人の9連覇

戦後日本を根本的に変えたといえる経済の高度成長は、その最盛期は確かに60年代の中期頃からではあるが、その本格的なはじまりは神武景気（56年から）と岩戸景気（59年から）を受けての60年代初頭からといってよい。その政治的、経済的な両面での社会基盤上の整備は次のようなものであった。

まず厳しい東西冷戦下での外交関係、安全保障上の確保を日米安保の改定に求めた。激しい安保反対闘争が国民各層を巻き込んで展開された（60年）。とりわけ全国学生たちの組織である全学連の反対運動は強く激しかった。岸内閣のもと、法案審議中の国会議事堂周辺でのデモ中の警官隊との衝突もしばしばであった。そのなかで東大生の樺美智子さん圧死事件もあった（6月15日）。

５月20日に安保改定案が衆議院本会議を通過。しかし同法案は参議院での議決がないまま６月19日に自然成立。この安保法をも土台にした日米関係を基軸にエネルギー政策にも大きな転換が図られた。国内石炭から、アメリカ資本の国際石油活用への変化移行である。九州や北海道の炭鉱は徐々に、また急速に廃坑に向かった。産業構造にも大きな転換がみられた。農業から重化学工業とサービス業への移行である。当然ながら農業従事者（農村）から工場勤労者等（都市）への移行、移動（高度経済成長中の人口移動は約６００万人といわれている）である。首都圏、中京圏、阪神圏などへの人口集中と地方人口減が急速に進行していく。

池田内閣による所得倍増計画が喧伝されたのも60年である。さらに60年代初頭には、インフラ整備がすすめられた。それは直接的には64年の東京オリンピック開催のためのものではあった。特に東京—新大阪間の東海道新幹線開通（64年10月1日）、小牧—西宮間の名神高速道路開通（63〜65年）、東京—小牧間の東名高速道路開通（68〜69年）はその後の日本に大きな影響を及ぼしてきた。

日本社会の急速な近代化と並走するかのように、プロ野球界においても56〜58年の西鉄による日本シリーズ3連覇以後、大きな変化の動きが次々と生じてくる。後にミスタープロ野球とよばれるようになる長嶋が巨人に入団し、58年から早速ホームラン王、打点王の二冠に輝く大活躍をはじめる。そして世界の王として知られるホームラン打者・王貞治が59年に巨人に入団する。一方、58年には打撃の神様として野球界をリードしてきた川上哲治が現役を引退し、新たに巨人の指導者として歩み出していく。

川上監督のもと、〈O（王）N（長嶋）〉を中核とした巨人が戦力を整備し、65〜73年の9連覇がいよいよ開始するのである。それにしても巨人の日本シリーズ9連覇とは何を意味するのか。いうまでもなく、巨人が9年連続してセ・リーグで優勝し、その上でパ・リーグ優勝チームとの日本シリーズ決戦で9年連続して勝利をおさめることを意味するに他ならない。これはとんでもない記録である。どう考えても二度と実現をみない実績であろう。では、そのようなプロ野球界の絶対王者ともいえる巨人とはどのようなチーム特性、特徴をもっていただろうか。

この点について明らかにしていくために、①まず巨人がセ・リーグで優勝を続けていった時期（65〜73年）の対抗チーム―特に我が中日のチーム力はどのようなものだったのかからみていきたい。この間、中日は2位（4度―65・66・67年［西沢道夫監督時代］、71年［水原茂監督時代］）、3位（2度―72・73年［与那嶺要監督時代］）、4位・5位・6位（各1度ずつ）。つまり9年間でAクラス6度、Bクラス3度で、この結果からみると他球団と比べると巨人の一番の対抗チームは中日だったことは間違いない。しかし例えば2位といっても巨人との差は13ゲーム（65・66年）、12ゲーム（67年）、6・5ゲーム（71年）ということであるから、圧倒的に差をつけられてのものであったのだ。

②次に日本シリーズで巨人が相手をしたパ・リーグ優勝チームとの対戦状況はどのようなものだったのか。

・65年日本シリーズ―巨人4勝1敗（南海）
・66年日本シリーズ―巨人4勝2敗（南海）
・67年日本シリーズ―巨人4勝2敗（阪急）
・68年日本シリーズ―巨人4勝2敗（阪急）
・69年日本シリーズ―巨人4勝2敗（阪急）
・70年日本シリーズ―巨人4勝1敗（ロッテ・オリオンズ（以下、「ロッテ」））
・71年日本シリーズ―巨人4勝1敗（阪急）

・72年日本シリーズ—巨人4勝1敗（阪急）
・73年日本シリーズ—巨人4勝1敗（南海）

以上の状況をみても分かるように、巨人によるストレート4連勝は一度もない。と同時に4勝3敗ともつれた年も一度もない。そして9年間のうち相手チームに1敗だけの年が5度、2敗だけの年が4度である。この数字は何を意味しているのか。ストレート4連勝は絶対的に力の差がある場合か、偶然に波に乗ったか（短期決戦の故）のどちらかであり、4勝3敗は戦力均衡で、どちら側に勝利が転げ込んでも不思議ではないということである。

そして両者に厳然とした力の差が現れるのが、4勝1敗・4勝2敗のケースだと私は考えている。パ・リーグの覇者である阪急が5回、南海が3回、ロッテが1回チャレンジしても巨人に全く歯が立たなかったのだ。

右記の①と②からして、巨人の強さは際立っており圧倒的だった。プロ野球界の絶対的王者、最強チームだったといえる。では③、このように強い巨人のチームの特性、特徴はどのような点にあったのかの検討が大事である。

1．突出した技能の持ち主、選手の驚異的な活躍という点がある。巨人の場合は特に王と長嶋の成績であり、9連覇中のデータを以下にまとめておきたい。

改めて確認してみると、二人の成績は偉大としかいいようのないものである。

① 打者において重要なデータ項目は打率・本塁打・打点の3項目であるが、王は73年に1度三冠王を達成している。これだけでも偉大であるが、三冠王という点では、王と長嶋二人を合わせると、年度の三冠王を5度達成(左記表参照)しているのである。同一チームのメンバーでリーグのタイトル(打撃部門)を独占しているわけだ。

② 王は9年連続本塁打王に輝き華やかである。他方で長嶋は本塁打数が王と比べて少ないわりに打点が多い。特に68~70年の3年連続で打点王に輝いた点にみられるように、効果的な安打、勝負強いバッティングに定評があったということである。チームの勝利に繋がる重要な要素である。

③ 打点が多いということは、前打者たちが多く出塁していることを前提としている。王そして長嶋に打点が多いということは、彼らの前を打つバッター(柴田、土井、黒江ら)が大いに活躍していたことを意味しているのである。

2. 監督やコーチらの指導者の方針や選手との関係、球団マネジメントの点に注目しておかねばならない。監督はいうまでもなく川上哲治である。58年末に現役引退を表明し、59年からコーチに。そして61年から水原茂を引き継いで監督に就任。9連覇時代の強い巨人を

巨人９連覇中の王と長嶋の成績

		打率	本塁打	打点	関連事項
1965 年	王 長嶋	.322 .300	42 * 17	104 * 80	
66 年	王 長嶋	.311 .344 *	48 * 26	116 * 105	二人で三冠王
67 年	王 長嶋	.326 .283	47 * 19	108 * 77	
68 年	王 長嶋	.326 * .318	49 * 39	119 125 *	二人で三冠王
69 年	王 長嶋	.345 * .311	44 * 32	103 115 *	二人で三冠王
70 年	王 長嶋	.325 * .269	47 * 22	93 105 *	二人で三冠王
71 年	王 長嶋	.276 .320 *	39 * 34	101 * 86	二人で三冠王
72 年	王 長嶋	.296 .266	48 * 27	120 * 92	
73 年	王 長嶋	.355 * .269	51 * 20	114 * 76	初三冠王
(参考) 74 年	王 長嶋	.332 * .244	49 * 15	107 * 55	２年連続三冠王

（*はリーグタイトル）

組織として築きあげたのは川上とともに、コーチとして招聘された牧野茂である。61年シーズン途中の7月25日にコーチとして入団した牧野は、元中日の名遊撃手で、54年の初優勝にも大いに貢献した選手である。現役引退後、コーチ（1年）、そして退団後スポーツ紙での評論家として活躍した。巨人からすると他球団出身でコーチ歴もごく短い牧野を、川上監督はなぜ自球団へ招聘したのか。川上はスポーツ新聞紙上で主張された牧野の野球観に強い感銘を受けたとのこと。

牧野の野球観は、米野球ブルックリン・ドジャースのコーチを務めたアル・カンパニス著『ドジャースの戦法』（The Dodgers' Way to play Baseball, 1954。内村祐之訳、ベースボール・マガジン社、1957年）に集約されていると思えたものである。川上は本書をいち早く読了していて、その具体的実践を牧野とともに企図したいと考えたのである。

本書で示される基本の野球観は、貧打のチームでありながら守備を最大限活かして守り勝つ野球であり、「スモールベースボール」だとよく説明される。だが私が読了し、理解した限りでは、この説明は間違っていると思う。まず「スモールベースボール」などという言葉は使用されていない。投攻守にわたって、細部に至る注意事項を記していても、それをもって〈スモール〉とはいわないはずである。むしろ本書では、野球の基本的な事柄（例えば第三部で述べられる「指揮編」での監督やコーチら指導者の大きく根本的な野球観をベースにした）が細大もらさず論じられているのだ。だから、〈スモール〉から印象付けられるたんなる大技否定、小技重視というような考えが強調されているのではなく、投・攻・守および監督コーチら全ての分野と担当者において、練習時および実践の場での細大もらさない〈緻密さ〉の追求こそが強調されているといえるのである。こうしたドジャース方式が川上―牧野体制ではいかに具体化されていったのだろうか。

投手では先発完投型だけを重視するのではなく、中継ぎリリーフ（ロングもショートも）、抑え役と状況に応じて切り換えていく方式で、年間を通して養成、準備を怠らないこと。攻撃では犠打やヒットエンドランなども駆使して得点を狙うこと。守備では例えば、失点を防ぐためのバント対策でシフトを敷くさいに外野手もカバーに走らせる、等のチームプレーを徹底させることであった。

監督・コーチらの首脳陣と選手との関係が重要である。監督の下にヘッドコーチや作戦コーチ、そして各分野のコーチを配置し、機能分化させる。各コーチから各選手に関わる情報や意見をヘッドコーチや作戦コーチへ集中し、それを監督が整理統合する。そして監督から各コーチ、各選手への助言や指揮命令という逆の流れへ繋がっていく。緻密な作戦の実行とその成功には両流れの徹底が肝要である。また現場での実際の試合における作戦実行には、ベンチにいる監督と、コーチとの、とりわけ三塁ベースコーチとの綿密な連携が重要となる。三塁コーチは監督の片腕であり、攻撃のさい各選手に指示を出す総合作戦コーチなのだ。また新人選手の獲得や他球団選手とのトレード等を通した戦力の補強にも、チームの実情を最も良く知る監督とともに作戦コーチ等が権限を持つことが大事となる。

3．川上監督、牧野作戦コーチ（最初はヘッドコーチ）のもとで〈緻密な〉野球が実行されるとまさに鬼に金棒である。すなわち1．でみたように、長嶋・王という超スタープレーヤー二人を擁したうえに、投手や守備や走塁などの分野で〈緻密さ〉が実行されると、相手チームのつけ入る隙がないということだ。

9連覇中のなかでも、巨人が最も強かったシーズンの一つと思われるV2・66年度の各選手の成績をみてみよう。このシーズンは89勝41敗4分、勝率6割8分5厘とV9期間中で最も高い勝率で、2位の中日とは13ゲーム差であった。中日サイドからみれば対巨人戦は6勝20敗と全く歯が立たなかった。

この年のベストオーダーを打順に従ってみてみよう。①中堅手　柴田勲、②二塁手　土井正三、③一塁手　王貞治、④三塁手　長嶋茂雄、⑤捕手　森昌彦、⑥右翼手　国松彰（V5から末次利光）、⑦左翼手　柳田利夫（V4から高田繁）、⑧遊撃手　黒江透修、⑨投手。

注目すべきは次の点にある。（1）王は打率3割1分1厘、本塁打48、打点116で本塁打・打点の二冠王。長嶋は打率3割4分4厘で首位打者、本塁打26、打点105。二人でリーグ三冠王。二人とも打率3割超え、打点も100超えであった。(2) リーグタイトル受賞者が多くでた——長嶋がリーグMVP。新人投手の堀内恒夫が沢村賞と新人王、防御率1位(1・39)。柴田が初の盗塁王。(3) 投手の分野で城之内邦雄(21勝8敗、防御率2・01)、堀内(16勝2敗、防御率1・39)、渡辺秀武(13勝6敗、防御率2・34)らの先発完投型。高橋一三や宮本洋二郎らの先発・リリーフ併任型。宮田征典の抑え専任型——前年から抑え役となり「8時半の男」(試合の最終盤で登場し大活躍したため。V4まで活躍)と称された。このように投手分業制が取り入れられた。(4) 打順は変動もしたが、メンバーがレギュラーとしてほぼ定着し、守備の要として捕手の森が任にあたり、熟練した選手間での連携プレーが演じられた。(5) 攻撃のさいに作戦コーチの牧野が三塁コーチに立ち、川上からの指示等をブロックサインとして各選手に伝えた。

以上のことが、王・長嶋の強力な二枚看板とともに、緻密な野球を信条とした川上—牧野体制において実行された姿であり、結果だったのである。リーグでダントツだった巨人は、日本シリーズでも隙をみせなかったのはいうまでもない。その結果が9年とも4勝1敗か、4勝2敗という完勝でのシリーズ制覇に表れていると私は思う。

（3）1974年——中日20年ぶりの優勝（巨人の10連覇阻止）

1974（昭和49）年は日本プロ野球界にとって、また我が中日にとっても画期的な年となった。セ・リーグ優勝と日本シリーズを9年連続して制覇してきた、まさにプロ野球界の絶対王者の巨人が、まずセ・リーグで中日に敗北し、10年連続優勝を阻止され、必然的に日本シリーズへの出場権も逸したからである。そしてこの10年目の敗北を契機に、長嶋茂雄というレジェンドが現役引退を表明し、同時に指揮官としてもレジェンドといってよい川上哲治・巨人監督が退任を決意し、発表したのだ。

なんといっても最初に検討を要するのは、なぜ中日が絶対王者の巨人を倒すことができたかという点である。盛者必衰といわれるが、盛者がひとりで自然的に力を失っていくわけではない。対抗する力が様々に努力を積み重ね、苦難を乗り越えて新たに頂点に達するものなのだ。ここには複雑な諸要因が関与し、それらが総合的に機能して良き結果に結びつく。今、話題にしている盛者とは巨人のことであり、対抗する力とは我が中日に他ならない。

74年の中日優勝に関与した、見逃すことができない重要な要因はいくつかあると私は考える。

1つには、74年以前の2年間が大事な要因である。72年に、それ以前の水原監督の下でコーチをしていた与那嶺要監督、近藤貞雄ヘッドコーチが就任した点である。与那嶺監督は現役時代に巨人で抜群の実績（在籍10年で首位打者3回、打率3割以上7回、ベストナイン7回等）を挙げながらも、

61年から指揮を執った川上監督の下で中日へトレードに出されたことへの長年のわだかまり、そして「打倒巨人」への強い拘りがある。近藤ヘッドコーチ（巨人からの放出経験あり）は当時の米大リーグの情報通で、新たに投手分業制（先発、中継ぎ、抑え）の導入を考えはじめていた。

2つには、与那嶺―近藤体制において巨人コンプレックスの払拭に懸命に努力を重ねたことである。実際にその成果は顕著で、72年シーズンでは対巨人15勝11敗と5年ぶりに勝ち越し。73年シーズンでも4月28日～6月19日の間に対巨人8連勝を記録し、最終的には16勝10敗、2年連続の勝ち越しであった。シーズン終了時では巨人優勝、中日は3位。しかし巨人との差は1・5ゲームと肉薄した。こうした優勝争いは中日の大きな自信になったといえるであろう。

3つには、与那嶺監督の掲げる「全員野球」が功を奏したといえる。ここには新しい選手の台頭、活躍もしばしば話題になった。打者、守備の面では主力組の高木守道、谷沢健一、木俣達彦、島谷金二、大島康徳、そして新外国人マーチン（35本塁打、87打点）の随所での活躍、移籍2年目の井上弘昭、広瀬宰の活躍も見逃せない。また代打者で目立った江藤省三、新人王に選ばれた藤波行雄も守備と走塁の点で貴重な戦力となった。

投手では、エースの星野仙一が先発とリリーフ、そしてセーブ役と一人3役の抜群の働きをみせ、新設のセーブ役の初代キング（10個）と沢村賞に輝いた。そしてもう一人の投手、松本幸行の活躍も忘れてはならない。松本は20勝9敗、勝率6割9分の成績で、最多勝と最高勝率の2つの部門でタイトルを獲得したのである。さらに、三沢淳、渋谷幸春、稲葉光雄らが先発やリリーフで活躍した。他に私の記憶に長く残っている投手がいる。それは高卒で入団2年目の鈴木孝政である。この年の盛夏8月6日の巨人戦で登板し、快速球を存分に印象づけた。鈴木は後半戦だけで35試合に登板、4勝2敗、2セーブを挙げ、中日の優勝に大きく貢献した。

ペナントレース後半は、巨人とのマッチレースとなった。そして9月28日の対巨人戦で、大島が起死回生の同点ホームランを打ち、6対6で引き分け。ここで初めて中日にM（マジック）12が点灯。その後、Mが点いたり消えたりしていき、ついに10月12日のM2としての対大洋ダブルヘッダーで9対2、6対1と連勝し、優勝を決めた。2位巨人とはゲーム差無しの、勝率でわずか1厘差であった。

4つには、巨人の長嶋の打力に大きな陰りがみえた点である。超スーパースターの一人、王は73年に続いて74年にも三冠王を獲得し、日の出の勢いであったのに対し、もう一人の長嶋は71年の首位打者獲得を最後に、以後の72、73、74年とタイトルに無縁となっていた。打率と打点の両面において、72～74年の間の下降線は顕著になっていた（打率：2割6分6厘→2割6分9厘→2割4分4厘。打点：92→76→55）。とりわけ定評のある勝負強い打撃の結果としての打点において、74年の55は信じられないほどの数字となって表れている。74年のシーズン・中日優勝決定の日に、長嶋の引退が表明された。

これまで指摘してきた4つの要因が相乗的に機能して、与那嶺監督の唱える「全員野球」が実を結び、中日20年ぶりの優勝を達成し、巨人の10連覇をみごとに阻止したのである。

（74年レギュラーシーズン・日本シリーズの経緯について『70年史』78〜81頁参照）

コラム　記憶に残る選手たち③　鈴木孝政

74年8月6日（火）夜、熱波の覆う中日球場に、そしてまたテレビを通してお茶の間に一時心地よい涼風が吹き流れたようであった。対巨人14回戦で鈴木孝政投手が柴田、王、長嶋の強打者3人を快速球で連続三振に打ち取った時である。

8月4日、5日の2泊3日の日程で、私は職場の同僚、友人と岐阜郡上八幡のお寺でゼミ合宿を行った。大学院を修了し教員になって2年目。英文学専攻の友人ゼミ生と私のゼミ生との合同合宿である（10数人参加）。名古屋と違って岐阜の緑多い山間地のお寺であり、避暑の気分であった。それでも盛夏である。やはり暑く、また夜更け近くまでの学習や討論会で、6日夕の帰宅時にはグッタリであった。

名古屋の暑さは言葉に表せないほどのものである。合宿での疲れもあり、また2DKの狭い公務員宿舎の自宅で家族4人、クーラー無しで頭がもうろうとしている状況だ。夜8時過ぎであっただろうか。視ていたテレビ放送の〈中日―巨人〉戦で「中日のピッチャー鈴木、背番号29」と場内放送。鈴木ってどういう投手？　というのが第一印象であった。高卒で入団2年目の、ほとんど無名の投手であった。

ところが、ここで爽やかな涼風が流れたのである。今までみたことのないほどの快速球で、彼の投球をみていて、その速さと小気味好さに一気に魅了された。王も長嶋もまったく手も足も出ないほどの快投を視て、私の疲れも暑さも一気に吹き飛んだように感じられた。鈴木投手（1954〜）は翌日の対巨人15回戦でも救援に立ち、柴田、王、高田を3者連続三振、プロ初勝利を挙げたのだった。

私にとって初めての学生とのゼミ合宿と相俟って、鈴木投手の快速球は生涯忘れることのできない出来事となった。

鈴木投手はこの年以後、数年は救援（後に先発に転向）で活躍し、最多セーブ投手賞1度（75年）、最優秀救援投手賞2度（76年、77年）に輝いた名救援投手の先達であり、小松辰雄投手、そして郭源治投手へと引き継がれていったのだ。

「昭和」フィナーレ10年

第3章　80年代2度の優勝

——近藤監督&星野監督が躍動

前章でみたように、中日は１９７４年に20年ぶりに劇的な２度目の優勝をはたし、そして巨人の10連覇を阻止した。この次の中日の優勝（82年）までには７年間の時を要することになる。この間のセ・リーグのペナントレースはどのような状況にあったたろうか。

７年間の優勝球団は、広島東洋カープ（以下、「広島」）が３度（うち２度日本シリーズ制覇）、巨人が３度（うち１度日本シリーズ制覇）、ヤクルトスワローズ（以下、「ヤクルト」）が１度リーグ優勝とともに日本シリーズ制覇している。明らかに９連覇の巨人一強から、中日を含め広島やヤクルトとともに戦力均衡の、多極化の時代に入ったといえる。

そして注目すべきは、１９５０年の二リーグへ分かれて以後、50年代、60年代と弱小球団として、ともすればセ・リーグのお荷物とさえいわれてきた広島やヤクルトが、リーグ優勝をはたすばかりか、日本シリーズをも制覇するほどに実力を備えてきたということだ。とりわけ広島の躍進には目を見張るべきものがあった。躍進の原動力は何だったのだろうか。

新たな球団の躍進という点では、パ・リーグにおいても同じ状況がみられた。50年代、60年代のパ・リーグの二強は南海と西鉄であった。南海はリーグで２連覇や、単年優勝を２〜３年ごとに達成し、数年に１度は日本シリーズを制覇してきた老舗球団の代表である。西鉄も50年代末に巨人と戦って日本シリーズ３連覇を達成した強豪球団である。そのような中で、70年代の中期に大きく飛翔したのが阪急と近鉄バファローズ（以下、「近鉄」）であった。

もっとも阪急は決してパ・リーグのお荷物球団ではなかった。というよりも南海や西鉄と肩を並べるほどの強豪球団だったといってよいほどである。その証拠として、67～69年のリーグ3連覇、また71～72年のリーグ連覇をはたしている。しかしこの2度の連覇時ともに日本シリーズ制覇は達成できなかった。そのセ・リーグの相手球団は9連覇中の巨人だったのである。何とも巡りあわせが悪かったというか、運がなかったというか。あの強い強い巨人相手だったのだから、諦めもつくというものである。

この阪急がまさに満を持して、75～77年についに日本シリーズを3連覇したのである。この原動力は何だったのだろうか。そして阪急の3連覇に続いたのが、これこそパ・リーグのお荷物といわれてきた近鉄であった。近鉄の79～80年のリーグ連覇はみごとであった。しかし連覇はリーグだけに止まり、日本シリーズでは2年とも広島に敗れ去ったのである。とりわけ近鉄、広島ともに初制覇を競った79年の日本シリーズは劇的な展開と結末をみた。広島の投手「江夏の21球」(山際淳司)という今日まで語り草になっているドラマが生まれ、一方の敗れた近鉄の西本監督は「悲運の闘将」といわれるようになった。

(1) 広島の躍進の原動力

広島といえば何といっても「赤ヘル旋風」で有名だ。そもそもこの名称はどこからきたのか。

それは75年に、球団初の外国人監督としてジョー・ルーツが就任し、氏の野球への強い想いに由来している。赤く燃える闘志を前面に出した野球を全ナインに浸透させようとし、ユニホームばかりか、帽子やヘルメットにまで赤色を求めたといわれている。

しかしルーツは75年の開幕早々の4月27日に、判定を巡って審判団および球団代表と対立し、監督を辞任した。ルーツの後を正式監督としてコーチの古葉竹識が引き継いだ（5月3日）。この年のオールスターゲームの第1戦で、山本浩二と衣笠祥雄がともに2本塁打ずつを放ち、他に単打あり二塁打ありと大活躍した。まさに赤ヘルがダイヤモンドを駆け回った。これが「赤ヘル旋風」のはじまりであった。

この年のペナントレースは首位打者賞の山本、そして衣笠の打撃、また最多勝投手賞に輝いた外木場義郎、盗塁王の大下剛史らの活躍で、中日、阪神と熾烈な争いを演じて優勝した。球団創立25年目の初優勝を達成した。しかし日本シリーズではパ・リーグの阪急に4敗2分の完敗であった。

この日本シリーズの結果からも「赤ヘル旋風」は一時の風でしかなかったといってよい。赤ヘル旋風が本格的に力強く舞い続けるにはまだしばらくの時を要した。優勝翌年の76年＝3位、77年＝5位、78年＝3位と手探り状態が続く。そのようななかで、77年のシーズンオフに江夏豊投手を南海から移籍で獲得し投手陣が強化され、そして78年には打撃陣の強化策が実を結んできた。

その打撃陣の結果は、チーム本塁打数で当時の球界記録を更新（２０５本塁打＝44本・山本、40本・ギャレット、33本・ライトル、30本・衣笠など４人が30本以上）。また打点＝６９２、得点＝７１３という高いもの。

こうして江夏の加入に加え、北別府学、池谷公二郎、山根和夫らを中心とした投手陣の整備、山本、衣笠、二人の強力外国人選手、さらに成長した水谷実雄らによる攻撃陣の強化、そして俊足好打として目覚ましく頭角を現してきた高橋慶彦らによる守備、走塁面での整備強化などを通して、高いレベルでのバランスのとれたチームがつくられた。こうしていよいよ79年シーズンを迎えた。期待は当然高まっている。

しかし打線は水ものといわれるように、強力打線になかなか火が点かない。特に衣笠の打撃は湿ったまま。これらが影響して、開幕戦から４連敗したのも響き前半戦は首位の中日に３・５ゲーム引き離されての４位で終わった。後半戦に入ってやっと打線も軌道に乗り出し、８月中旬の大洋戦に勝って初めて首位に立ち、そのままトップを維持して、４年ぶり２度目のリーグ優勝を飾った。

それにしても評判の打撃陣の成績は芳しくなかった。３割以上の打者は、33試合連続安打のプロ野球記録を作った高橋（３割４厘）ただ１人であった。チーム打率はリーグ５位。本塁打も山本（42本）以外は、衣笠（20本）、ライトル（23本）、ギャレット（27本）らは前年と比べ軒並み10

本程度少なく、新たに水谷の急伸長（23本）があったが、チーム総本塁打数で前年比数十本の激減であった。

しかしここが広島である。得点601、そして盗塁数は高橋の55を筆頭に143と、リーグで断トツのトップ。これらの数字が表しているのは、本塁打や打率が低くても、数少ない安打や四球の走者を最大限活用し、盗塁などで塁を進め得点に繋げるということだ。つまり、塁上を賑わし疾走する、文字通り「赤ヘル旋風」が眼前に浮かんでくるのである。

レギュラーシーズンは最終的に、広島が2位大洋に6ゲーム差をつけて優勝し、中日は7・5ゲーム差の3位、巨人にいたっては10・5ゲーム差の5位となった。

リーグ表彰選手として実績通り、広島の投・打・走の主力である江夏（最優秀選手賞、最優秀救援投手賞）、山本（打点王、最多出塁賞）、高橋（盗塁王）らが受賞した。

では、戦力充実した広島のこの年の日本シリーズはどのような戦いであっただろうか。相手はパ・リーグを初制覇した西本幸雄監督が率いる近鉄であった。前評判はもちろん広島が高かった。

しかし第1戦、第2戦は近鉄が連勝したのである。第3戦から近鉄の地元の大阪で3連戦となる。俄然、近鉄有利のムードが高まる。第3戦は広島ががんばり勝利し、1勝2敗とした。第4戦も広島が勝ち、両チーム2勝2敗となった。そうして波に乗った広島が第5戦もものにし、3勝2敗とシリーズ制覇に王手をかけたのだ。だが崖っぷちで近鉄が踏ん張り、両者3勝

3敗とまったくの互角に持ち込んだ。

いよいよ最終の第7戦がはじまり、雨中のなかの熱戦である。7回表終了時点で4対3と広島がリード。この回の近鉄の攻撃に対し古葉監督は万全を期して、絶対的なリリーフエースである江夏をマウンドに送った。7回、8回と江夏は無難に切り抜け、いよいよ最終9回裏の近鉄の攻撃を迎えた。

江夏は先頭打者・羽田耕一にヒットを打たれ、さらに続く2人の打者、アーノルドと平野光泰に四球を与えて無死満塁の大ピンチに立たされた。3人の打者に対し江夏が投げた球数は11。ここで代打で登場した佐々木恭介を6球（この回の17球目）で三振に抑えるが、依然として一死満塁とピンチは続く。次の打者は打順1番に還り、スクイズ良し打って良しの好打者の石渡茂だ。江夏にとってはピンチ、攻める近鉄にとってはチャンスである。しかし満塁は攻めにくく、得点しにくいといわれる。

一死満塁の今の場合も、簡単に打って内野ゴロの併殺は絶対に避けねばならない。外野フライで1点狙いも良き選択肢と思えるが、如何せん投手は百戦練磨の江夏だ。となると焦点はスクイズの敢行ということに絞られてくる。それは攻める方（近鉄・石渡）も守る方（広島・江夏）も両者とも承知である。問題は何球目かの攻防となる。江夏の1球目はカーブで石渡見逃しのストライク（18球目）。江夏の2球目（19球目）に石渡スクイズ敢行。成功か失敗か誰もが固唾を呑んで見守った。まさに一瞬の間である。江夏の投じた球は、アウトコーナー高めのストライクゾーンを大きくカーブし離れる。石渡は懸命にバットに当てようとするが空振りし、球は無情にも立ち上がっていた水沼捕手のミットに吸い込まれていった。三塁ランナーは塁間で挟殺され二死となる。二死、走者2・3塁で試合続行し、石渡は4球目のカーブを空振り三振し、ゲームセット――「江夏の21球」である。26分49秒の攻防だった。

みたように、「江夏の21球」は全21球で意味深い内容のあるドラマであろうが、なかでもやはりポイントとなるのが19球目のスクイズの場面である。それも外角高めへのカーブ球。一部の野球評論家たちはカーブの偶然のすっぽ抜けだという。江夏本人は、指から球を離す直前にスクイズを見抜き、カーブの握りで意図してウエストさせたという。ここに至難の技を駆使しえた「江夏の21球」ドラマの真髄があるといえるであろう。

こうして79年に2度目のリーグ優勝とともに、初の日本シリーズを制覇した広島は、翌80年もリーグ優勝を飾り、そして再び交えた近鉄との日本シリーズに勝ち2連覇したのである。この年以後も広島は飛躍し、リーグ優勝や日本シリーズを制覇してきた。

総じて1979年~88年の昭和最後の10年間で、広島は4度のリーグ優勝（79・80・84・86年）と、3度の日本シリーズ制覇（79・80・84年）を達成した。古葉監督のもとで、投・攻・守・走と高度にバランスのとれた、球界を代表するチームとなったのである。

（２）阪急の日本シリーズ３連覇と西本・近鉄の躍進

阪急は、９連覇中（65〜73年）の巨人に5度挑戦したが、高く強い壁に弾き返されてきた。そして2年の間をおいてやっと阪急は日本シリーズ３連覇を達成した（75〜77年）。この原動力は何だったのだろうか。

まず指摘しておかねばならないのは、長く阪急を率いてきた西本幸雄監督からバトンを受けて、71年からコーチになっていた上田利治が74年に監督に就任した点である。上田監督は投攻守走などの全分野のレベルアップを図り、高いレベルでのバランスのとれたチームづくりを重視した。投手陣では山田久志、足立光宏の完投能力抜群の二枚看板を軸に、新人の剛速球投手の山口高志ら5人を抱え、攻撃陣では長池徳二、加藤秀司、大熊忠義や森本潔、代打の切り札役の高井保弘、そして外国人のマルカーノ、ウイリアムスを擁し、守備や走塁では福本豊（後の世界の盗塁王）外野手や中沢伸二、河村建一郎という二人の捕手を鍛えあげていった。

そうして上田監督就任2年目の75年に6度目のリーグ優勝をはたし、セ・リーグ初優勝の古葉・広島と日本シリーズを戦った。この時期では強豪の老舗球団の仲間入りをしている阪急と、新生の広島とでは戦力の差は歴然。４勝０敗２分けで阪急が勝利し、念願の日本シリーズ初制覇を飾った。

初の日本一であるのだから阪急の歓びは一入《ひとしお》のものがあるに違いなかったであろう。だが、本当の歓びは宿敵巨人を破ってのものでなければならなかった。5度の屈辱を受けた西本監督の雪辱もあり、また西本のもとでコーチとして敗北感を味わってきた上田監督自身にとっても対巨人での勝利こそ本望であったのだ。

このチャンスは直ぐに訪れた。翌年の76年に7度目のパ・リーグ優勝をはたした阪急と、セ・リーグ優勝の巨人とが4年ぶり6度目の日本シリーズ制覇をかけて激突したのである。

この年のパ・リーグにおいて、阪急の山田投手が最多勝利、加藤が打点王、福本が盗塁王を受賞し、山田がリーグのMVPに輝いた。このような状況からして「阪急史上最強の年」といわれたのであった。

この阪急が日本シリーズでも好スタートを切り、第1戦から3連勝し、一気にシリーズ制覇かと思われた。ところがそうは問屋が卸さない。流石に巨人である。3連敗から3連勝である。長嶋はすでに現役を引退し、本シリーズでは監督として巨人を指揮している。長嶋のいない打線とはいえ、王は相変わらず主軸として猛打をふるっている。第1戦、第2戦に続いて第4戦でも本塁打を打ち、柴田も第4戦、第6戦に本塁打を打ち活躍した。投手では、堀内、小林繁、加藤初、ライトらが先発に救援にとがんばった。そうして第4戦から第6戦まで3連勝したのであった。

両チーム3勝3敗、最終戦の第7戦がはじまった。阪急先発は足立、巨人先発はライト。両投手好投のままイニングが進み、2対1とリードされた阪急は7回に森本が逆転の2ラン本塁打を打つ。さらに終盤に福本も本塁打、そして足立が125球で完投。エースの山田やストッパーの山口を温存したまま、宿敵巨人(長嶋監督)を6度目にして初めて倒し、2年連続日本シリーズを制覇したのである。

シリーズの表彰選手は以下の通りである。

・最優秀選手賞―福本(阪急)
・最優秀投手賞―足立(阪急)
・打撃賞―福本(阪急)、柴田(巨人)
・技能賞―マルカーノ(阪急)
・優秀選手賞―ウイリアムス(阪急)
・敢闘賞―柴田(巨人)

この表彰されたほとんどの選手が阪急から選出されたのはいうまでもない。顔ぶれをみただけで分かる大事な点は、上田監督のチームづくりの基本がしっかりと根付き、結果として現れているという点だ。足立をはじめ山田や山口ら投手陣の整備、打撃では長池らを差し置いて守備や走塁でのハイレベルの選手である福本が打撃賞をえ、そして最優秀選手賞に輝いている。そして2人もの外国人選手が守備や打撃で受賞している。投・攻・守・走の高レベルでのバランスのとれた「阪急史上最強」のチームづくりに成功したといえる。

この勢いは翌年の77年も続く。そして阪急は巨人を2年連続で倒し、日本シリーズ3連覇を達成したのである。

パ・リーグを3連覇（1975〜77年）した阪急に代わってリーグ優勝の栄冠に2年続けて輝いたのは近鉄であった（79〜80年）。監督は西本である。先に述べたが、西本はV9時期の巨人に阪急を率いて5度挑戦し（最後の日本シリーズは72年）、ことごとく弾き飛ばされた。73年のレギュラーシーズンも2位と健闘したが、シーズン終了後退団し、74年から近鉄の監督に就任したのだった。81年まで弱小球団の指揮を執った。

そうして若手選手を鍛えに鍛えて、就任6年目の79年に念願のリーグ初優勝を飾り、翌年80年も優勝して2連覇したのだった。79年の日本シリーズの対戦相手は古葉監督が率いる広島であった。広島はすでに75年にセ・リーグ初優勝を飾っていたが、本格的なチームづくりに成功したといえるのが79年シーズンであった。

両チーム戦力均衡による熱戦と接戦の連続で、6戦を終えて3勝3敗の五分。いよいよ最終の第7戦がはじまった。3回まで2対0と広島がリードするが、近鉄は5回裏に平野光泰の2点本塁打で2対2の同点に追いつく。直ぐに広島は6回表に水沼四郎の2点本塁打で4対2と再びリードする。すると近鉄はこの回裏に1死2・3塁で羽田耕一の3塁ゴロの間に1点を返し、1点差に迫る。広島1点リードの7回2死から抑えのエース江夏を投入し、逃げ切りをはかる。近鉄の方も、1点ビハインドで8回から抑え投手・山口哲治に切り換え、点差拡大を防ごうとする。

そうして1点差のまま9回の裏、近鉄の最後の攻撃がはじまった。近鉄は無死満塁のビッグチャンスをえて、同点からサヨナラゲームも狙える好機を迎えたのである。

以降の経過についてはの先の広島についての叙述のところで紹介した。いわゆる「江夏の21球」として今日まで語り継がれてきているドラマだ。

近鉄は3対4で広島に敗北。シリーズ全体の成績も3勝4敗で広島に屈した。近鉄の悲願の日本一は実らなかった。

近鉄は翌年の80年もリーグ優勝・2連覇し、広島と日本シリーズを戦ったが、3勝4敗と敗退した。そして近鉄は81年シーズンを6位と低迷し、西本監督はシーズン終了後退任した。以後、ユニホームを着ることはなかった。監督通算20年、この間に優勝8度（大毎1度、阪急5度、近鉄2度）の多くにのぼる。しかし1度も日本シリーズを制覇できなかった。「悲運の闘将」といわれてきた所以であろう。

（ここまでの広島・阪急・近鉄の各選手たちの成績・記録データ、および関連の日本シリーズの試合経過のポイントについてWikipedia参照）

コラム　記憶に残る選手たち④　「江夏の21球」と西本幸雄監督

本務校の研究日を活用して、他校で行っていた非常勤講師の授業を終えたのが午後2時30分過ぎ。そそくさと私は車に乗り込み自宅へ向かったが、しばらく走行して一軒の喫茶店へ飛び込んだ。店のテレビの前では予想通り多くの客が画面を見つめ、ざわついていた。

今から40年前の1979年10月31日（水）の日本シリーズ、近鉄対広島の第4戦が放映されていたのだ。午後1時開始（大阪球場）のゲームは6回まで進行していて、3対2と広島1点リードの接戦である。当時の私は、セ・リーグはもちろん中日のファンであったが、パ・リーグでは阪急が好きであった。その阪急を長年率いながら1度も優勝監督として栄冠を手にできずに退任した西本が、近鉄の監督になって6年目、パ・リーグで初優勝に導いての対広島・日本シリーズだったのだ。近鉄を、そして西本監督を優勝させてあげたいと願った。

このシリーズは第1戦、第2戦と近鉄が幸先よく2勝し、第3戦は広島が勝利して近鉄の2勝1敗で迎えた第4戦であった。ここで近鉄が勝てば3勝1敗、王手となりシリーズ制覇は目前となる。この第4戦の6回以降での逆転が期待される。

私はテレビの前でしっかりと応援した。しかし7回に広島が2点を追加し、5対2と広島3点リードで9回を迎え、近鉄は1点を返したがここまで。これで通算両チーム2勝2敗となった。

この第4戦が本シリーズの重要な境目になったと私は思う。ここを近鉄が勝っていれば3勝1敗となり、一気に初制覇へと向かったに違いない。そうすれば最終・第7戦でのあの「江夏の21球」もなかったかもしれない。

今日まで語り継がれてきている球史に残る江夏投手の〈21球のドラマ〉ももちろんあってよかった。同時に「悲運の闘将」西本さんの、1度だけでいい〈はにかんだ笑顔〉もみたかったと、今さらながら切に思うのである。西本は2011年死去、享年91歳。

(3) 中日、8年ぶり3度目の優勝（1982年）

これまでみてきたように、セ・リーグの強豪チームに育った広島、そして老舗球団の巨人、また人気球団の阪神（85年にはリーグ優勝とともに日本シリーズも制覇）などを退けて、昭和最後の10年間に2度のリーグ優勝をはたした中日の戦いぶりはどのようなものだったのだろうか。

まずは、82年の8年ぶり3度目の優勝について。この年の監督は近藤貞雄で、就任2年目であった。近藤監督は、74年の優勝時に与那嶺監督の下でピッチングコーチを務め、絶妙の継投策で投手を起用してチームに勝利を呼び込む方程式の確立というように、広く球界に投手分業制を浸透させていったパイオニア的役割をはたしてきた。

近藤監督のみごとな投手采配が優勝の重要な要因の一つであったことは疑いえない。しかし戦力的にはシーズン最終戦で優勝を決定させたことからも分かるように、他球団とのギリギリの競り合いが続いたのであった。前年の81年は5位、その前年は6位と2年に渡り低迷を続け、優勝を争えるほどの戦力を保持していなかった。これまで長く中日の中核を担ってきた星野投手、木俣捕手がシーズン終了後に引退を表明するほどに、ベテラン選手たちの力の衰えははっきりしていた。

そのような中でも、5位に沈んだ前年（81年）のシーズンで対巨人戦を勝ち越し（12勝11敗3分け）、これを自信にして82年シーズンも対巨人戦を11勝10敗5分けと2年続けて勝ち越した。それまで抑え込まれていた巨人のエース江川卓をも攻略してのものであった。若手の中尾孝義、宇野勝、田尾安志、平野謙らがレギュラーメンバーにふさわしく飛躍してきていた。こうした若手とベテランの谷沢や大島、そして新外国人のモッカらとがうまく噛み合い力強い打線を形成してきていた。

そして何といっても特筆すべきは、投手陣のがんばりをチームの勝利へと演出した近藤監督のみごとな手腕という点である。野球での勝敗の恐らく7～8割の要因をなすと思われる投手陣の整備はきわめて重要である。どの投手も年間を通して好調を維持できる保証はどこにもない。突発的な怪我や故障により、長短期の欠場を余儀なくされる場合もある。そうした不調や怪我の選手たちの回復を待つ間に、戦力維持のための投手陣の再整備をしなければならない。ここにこそ、監督をはじめ投手コーチら首脳陣の手腕の見せ所があるといえる。

82年シーズンでは、先発投手陣として都裕次郎、郭源治（入団2年目）、鈴木（救援から転向）らが、そして抑え投手として牛島和彦ががんばり、前半戦は巨人、広島、大洋らと4球団が競り合い、混戦状態になっていた。しかし8月に入り抑えの牛島が調子を落としてしまう。ここで近藤監督は、春先から怪我で欠場していた前年までの先発の柱であった小松辰雄を抑えに抜擢したのだった。そうして9月下旬の対巨人3連戦の初戦、投手・江川をとらえた中日は、9回4点差を追いつき延長サヨナラ勝ちでM12を点灯させたのである。

10月のシーズン大詰めになり抑え投手の牛島も復帰し、連続4試合火消しに成功。そうして迎えた10月18日のシーズン最終戦、横浜スタジアムでの対大洋戦で、抑えから先発に戻っていた小松による完封勝利により、リーグ優勝を決めた。「奇跡の逆転V」とよばれている。

（82年レギュラーシーズン・日本シリーズの経緯について『70年史』90～93頁参照）

投手陣のみごとなやりくりで8年ぶりにセ・リーグ優勝を達成したが、中日の現戦力では82

年の日本シリーズの制覇は不可能であったといえるであろう。パ・リーグの覇者西武に2勝4敗と敗れ去った。西武はこの82年から98年までの16年間に、4連覇と5連覇を含めて13度リーグ優勝し、うち日本シリーズは2度の3連覇を含めて8度制覇している。こうしたプロ球界の新たな覇者西武の出発の年が82年であったのだ。

(4) 中日の4度目の優勝―「昭和」フィナーレ（1988年）

82年の次の中日のリーグ優勝は6年後の88年であり、平成への改元前年、すなわち昭和最後の年であった。82年から88年までの5年間には、広島2度（1度日本シリーズ制覇）、巨人2度、阪神1度（同時に日本シリーズ制覇）のリーグ優勝があった。広島の強さは相変わらず続き、巨人もコンスタントに力量を発揮していた。そして23年ぶりに、吉田義男監督率いる阪神が3度目のリーグ優勝とともに日本シリーズ初制覇（85年）という、阪神にとって記念すべき出来事もあった。

こうした広島、巨人、阪神などの強い球団を退けて中日は、いかにして4度目のリーグ優勝を達成したのだろうか。以下のような要因が考えられるようだ。

① 前年の87年に多くのファンの期待のなかで、長年中日の投手陣を引っ張ってきた星野仙一が監督に就任していた。またパ・リーグでそれまでに三冠王（3度）を獲得し、強打者

として知られる落合博満を牛島投手らとの交換トレードで迎え入れていた。そして台湾出身の快速球投手である郭源治も入団していた。彼らの活躍もあり、同年にリーグ2位を確保していたのである。

② 投手陣の状況に応じての編成換えと、各投手のそれぞれの部署でのがんばりがあった。エースの小松が4月8日の開幕戦で肘痛により戦線離脱したが、西武から移籍した小野和幸投手が年間を通し投手陣の中心として活躍し、またこの年から抑えを任された郭が最終的に最優秀救援賞に輝くほどのがんばりをみせた。また山本昌や上原晃らの若い投手も戦力として育ってきた。

③ 移籍2年目の落合を中心に、宇野や彦野利勝らの打撃陣もチームの戦力アップに大きく貢献し、さらに開幕から遊撃手のスタメンで起用された立浪和義が内野手の守備の要といえるほどの存在感を示した。また捕手にはそれまで数年大活躍してきた中尾に代わって中村武志が正捕手の位置に初めて座った。

④ 以上のように、チームの全体を指揮した就任2年目の星野監督の手腕がみごとに発揮されていった。

こうした要因がうまく機能して、開幕から1ヶ月ほどは大きく負け越し最下位に沈んでいたチームは、小松投手が怪我から復帰した5月中旬以降軌道に乗り、前半戦終了時には首位巨人に1ゲーム差の2位に浮上した。

そして後半戦開始間もなくの7月29日に首位に立ち、そのまま最後までキープした。

その間の経過と結果――8月は15勝5敗3分け、8月31日にM25点灯、9月は11勝6敗、10月7日に優勝決定。最終成績は79勝46敗5分け、勝率6割3分2厘。

星野監督の勘の冴えとみごとな統率力、リーダーシップの発揮により、8月、9月は独走状態で昭和最後の年を優勝という有終の美で飾ったのであった。監督のもとで存分に力を発揮し、活躍した選手たちは特に優れていたことはいうまでもない。リーグ表彰者に中日の選手たちが多数選出された。それは以下のようである。

・MVP―郭（投手）
・最多勝投手―小野（投手）
・最優秀救援投手―郭（投手）
・ベストナイン―小野（投手）、落合（1塁手）
・ゴールデングラブ―立浪（遊撃手）、彦野（外野手）
・新人王―立浪

（88年レギュラーシーズンの経緯について『70年史』162～165頁参照）

88年の日本シリーズは、82年の時と同じ対西武戦となった。結果も82年の時と同じように、強い西武に歯が立たず、1勝4敗と完敗した。西武は日本シリーズ3連覇を達成したのである。

コラム　記憶に残る選手たち⑤　「近藤真一投手のノーヒットノーラン」とオーストリア国際学会出席

私は1987年8月3日～8日まで、オーストリアの最南部に位置するドイチュランツベルクで開催された国際フィヒテ学会に出席し、10日に帰国した。成田国際空港からのリムジンバスで東京駅に着き、直ぐに「中日スポーツ」を購入した。一面に大きな見出しで「近藤すっごい　G倒デビュー」とあり、右隣に少し小さめの文字で「史上初だ、新人　初登板　ノーヒット・ノーラン」の説明見出し。どえらい事が起こったとびっくり仰天。9日（日）のナゴヤ球場での対巨人19回戦で、中日の高卒新人の近藤真一投手が初先発し、巨人をノーヒットノーランの6対0と完封し、初勝利を大偉業で飾ったのだった。

私は8月3日からの国際学会出席に合わせ、1週間ばかり早めに日本を発ち、かつて1981～82年に留学したドイツのハイデルベルク大学とミュンヘン大学で資料調べを行うことにした。翌年にドイツ近代思想に関する研究書を刊行し、博士の学位取得の準備をすすめており、その補充資料の検索と収集のためであった。特にミュンヘン大学では留学時の指導教授であったR・ラウト先生に久しぶりにお会いし、貴重なアドバイスをいただいた。

ミュンヘンからオーストリアへ入国。国境に近い、モーツァルト生誕で有名な古都ザルツブルクで1泊し、翌朝、特急列車でグラーツへ。ローカル列車で旧ユーゴとの国境に近い保養地がドイチュランツベルクであった。当地の古城を会場および宿泊場にして全出席者50人程度のミニ学会である。会長のラウト先生によるフィヒテ研究を総括する内容の講演や、各々長時間の研究発表てんこ盛りの、タイトな1週間であった。

8月8日（土）の昼食後に解散となり、夕方から夜行列車に乗り、オーストリアからスイスを東から西へと横断して翌朝にバーゼルに到着。休憩後、特急列車で北上し、ドイツのハイデルベルクを通ってフランクフルトへ。当地発の飛行機が無事成田に着いたのが10日であったのだ。

ラウト先生と久しぶりにお会いし、様々な研究上でのアドバイスをいただき、そして国際学会でのフィヒテ研究の最新状況を知ることができ、そのうえ研究書の刊行も学位取得の見通しもついてきて、帰国時には充実感で一杯であった。

それに加えて「中日スポーツ」での、近藤投手大活躍の記事である。18歳新人の若者の躍動にワクワクドキドキしながら、私は東京—名古屋間の新幹線車中2時間余り、新聞を隅から隅まで、繰り返し読み、楽しんだことであった。

進むＩＴ革命とデジタル化の波

第４章　５度目の優勝

――開幕11連勝発進！　星野監督　ドームで初の栄冠

中日が4度目の優勝を達成したのは、前章でみたように昭和最後・1988年であった。次の5度目の優勝は99年であるから、時代が昭和から平成へ移り、11年の時の経過を必要とした。平成改元後の10年、つまり90年代は国際的にも、また国内的にも激動といってよいほどの大きな変化が生じた。国際的には、89年秋に東西ベルリンの壁の崩壊をきっかけにして、91年に旧ソ連の崩壊をはじめ東欧社会主義国家が次々と解体していった。70年ほどの歴史をもった社会主義の主だった国々が政治経済体制を変え、アメリカやイギリス等をはじめとした、いわゆる自由主義国へと歩を進めることとなったのである。

日本国内の社会の諸分野においても大きな変化が生じた。80年代後半から起こったバブル景気が過熱するほどに全盛を迎え、そして間もなく91年～93年を中心にバブル崩壊が起こり、〈平成不況〉とよばれるほどの大不景気へと突入していった。若い世代を中心に就職氷河期、ロストジェネレーション世代と後に名づけられる深刻な事態が生じていったのである。

不況が長期化するなかで大災害が発生した。95年1月17日早朝の阪神・淡路大震災である。この震災は、2011年3月11日に発生した東日本大震災とともに、戦後の自然災害の代表的なものとして、いつまでも記憶に留めておかねばならないであろう。

経済の不況期―これと折れ重なる形で、日本の様々な分野で国際化が急速に進展していった。国際化の進展は、言い換えれば国際競争の激化といってよい。先に指摘した旧社会主義国の崩壊→自由主義国への集中化の必然的な帰結といってもよいであろう。日本へ外国から人・もの・情報が大量に入り込み、流入すると同時に、日本からも外国へ向けて進出、発信していくことになる。

それらについて代表的な事柄を2つ指摘しておきたい。1つは社会の諸分野でのIT化の進展であり、例えばマイクロソフトの〈Windows 95〉の発売が95年であった。私も、この基本ソフトを組み込んだコンピューターを使用して、インターネットで情報や資料を検索し、それらを整理しつつ文章を作成しはじめた。今から25年ほど以前のことである。2つには、スポーツの分野で急速に国際化していった。その具体的事例を以下で3つほどみておきたい。

①日本人に昔から人気のある大相撲において、50年代に〈栃若時代〉として、戦後の大相撲人気を支えた主人公の1人である栃錦が90年1月に死去し（64歳）、もう一方の若之花（初代）が相撲協会理事長の2期目に入っていた。当時、外国人力士の代表として昇進し続けてきた曙（アメリカ・ハワイ州出身）がついに横綱に上り詰めた（93年1月場所後）。曙のライバルとしてしのぎをけずっていた貴乃花と若乃花（3代目）—2人とも若之花（初代。当時協会理事長）の甥—が横綱に昇進（前者は94年11月場所後。後者は98年5月場所後）。兄弟そろっての横綱在位は史上初めての快挙であり、若貴ブームとして90年代の相撲ブームを引っ張って

いった。外国人力士としては、曙に続いて武蔵丸（アメリカ・ハワイ州出身）が99年5月場所後に横綱に昇進した。こうした外国人力士の横綱昇進は、2000年代になればごく普通のこととなるが、曙や武蔵丸は貴重なその先例となった。

② プロサッカーリーグ（Jリーグ）が92年に発足し、日本各地にフランチャイズを置き、地域に根差したサッカーのプロ集団が始動しはじめた。そして、人気プロスポーツの代表格であったプロ野球に匹敵するほどの、否それをも凌ぐ勢いの人気を保ちつつ今日まで進展してきている。Jリーグの最初の試合は93年であった。各チームには外国人選手が大量に所属し、間もなくして逆に日本人選手も主にヨーロッパの強豪チームへと進出していくのである。

③ そして私の一番の関心事であるプロ野球においても、米メジャー球団への本格的進出がはじまった。そのパイオニアは野茂英雄投手である。野茂は95年に所属の近鉄を退団し、ロサンゼルス・ドジャースへ入団した。彼の意志と行動が、佐々木主浩（2000年）、イチロー（01年）や松井秀喜（03年）ら日本プロ野球のスター選手のメジャー行きへと引き継がれていくことになる。

（1）90年代のプロ野球界の特徴

国内外の政治経済等の社会状況が大きく変化していくなかで、日本のプロ野球界はどう展開したであろうか。約10年間のセ・リーグの優勝は、巨人（3度、日本シリーズ制覇1度）、広島（1度）、ヤクルト（4度、日本シリーズ制覇3度）、横浜（1度、日本シリーズ制覇1度）、中日（1度）といった状況であった。リーグ優勝回数でも、日本シリーズ制覇数からみても、この時期は〈ヤクルトの時代〉とよんでいいであろう。

他方、パ・リーグでの優勝は、西武（7度、日本シリーズ制覇3度）、オリックス（2度、日本シリーズ制覇1度）、ダイエー（1度、日本シリーズ制覇1度）というようなものであった。リーグ優勝と日本シリーズ制覇からみて、この時期は文句なしに〈西武の時代〉であった。

このような状況からみて、検討しなければならないのは以下の点であろう。第1には、ヤクルトの3度日本シリーズ制覇のうちの2度の対戦相手が、パ・リーグの絶対王者といってもよい西武であった点である。ヤクルトの強さの秘密はどこにあったのだろうか。第2には、西武の強さの秘密とともに、新生オリックスのリーグ2連覇の原動力は何だったのかという点である。そして第3には、我が中日の99年に達成した11年ぶりのリーグ優勝の要因についてである。

（2）ヤクルトの強さの秘密

監督はいうまでもなく野村克也である。野村はパ・リーグの老舗球団の1つである南海の現役時代に守備の要である捕手として活躍し、また打撃面でも本塁打王9度、打点王7度、首位打者1度受賞した。そして野村は、65年に戦後のプロ野球で最初の三冠王（打率3割2分0厘、打点110、本塁打42）に輝いている。さらに70年には、35歳で選手兼任の監督（プレイングマネージャー）に就任し、77年まで8年間務め、73年にリーグ優勝し監督としても実績ある人物である。しかし77年シーズン終了後に南海を退団し、その後もロッテと西武で選手として現役を続け、80年末に引退を表明（実働26年、45歳）。引退後は野球解説・評論家として活躍。

野村は90年にヤクルトの監督に就任し、約10年ぶりにユニホームを着たのである。ヤクルトは78年に広岡監督のもとでリーグ初優勝を飾り、さらに上田・阪急との伝説的な日本シリーズを戦って初制覇した。しかし以後10数年にわたって優勝から遠ざかり、Bクラスに低迷し続けてきた。そのような時期に〈ID野球〉という、データを重視しよく考えた野球を提唱する知将・野村が就任した。野村がいかにヤクルトを大きく変革しえるか、多くのファンや関係者の注目することとなった。

就任1年目は、首位巨人に30ゲーム差離されての5位と低迷した。しかし野村はチームの体質改善や選手個々の知力・技能力等の向上をはかり、総合力を高めて優勝するための秘策を次々と考え、実行に移しつつあった。

その主なものの第1は、新入団の古田敦也選手をすぐさまレギュラー捕手として起用したことである。野村自身が捕手であったし、捕手こそ野球の要として最も重視すべしとの確とした考えをもっていた。これに伴って第2に、守備位置の変更・コンバートの実施である。それまで正捕手だった秦真司を外野手へ、控え捕手の飯田哲也を二塁手へコンバートした。つまりセンターラインの強化策が企図された。

第3に、ヤクルトの打撃面での主軸である広沢克己や池山隆寛に、本塁打か三振かというぶんぶん振り回す粗いバッティングから、三振を減らし状況に応じた打撃を心掛けるよう指導した。第4に投手陣の整備をも重視し、特に抑え投手の確保を必須の課題とした。

就任2年目の91年シーズンには3位へと躍進した。前年に新人ながら正捕手に抜擢された古田は守備面での向上とともに、打撃面で大飛躍し首位打者（3割4分0厘）に輝いたのである。また長打力はあるが粗い打者であった広沢が野村監督の指導のもとで早速結果を出し、打点王（99打点）を受賞した。広沢の前年度記録との比較では、本塁打数（25→27）がほとんど変わらないのに、打点（72→99）が大きく増えている。これはチャンスに強く、チームバッティングができたことを表している。そして前年に捕手の控えから二塁手へ移動された飯田がさらに中堅手へとコンバートされ、俊足、好守、好打の選手として急浮上してきたことも注目すべきであった。さらに課題であった抑え投手として高津臣吾が台頭してきた。

そうして就任3年目の92年に、14年ぶりのリーグ優勝を達成したのである。野村監督の構想する投・攻・守・走の全分野でバランスのとれたチームづくりが成功しつつあり、データ重視の隙のない考える野球が根付きはじめていた。しかし、それはまだ途上であった。92年の日本シリーズはパ・リーグの、否、野球界の絶対王者として80年代半ばから90年代にかけて君臨していた西武に敗北した（3勝4敗）。西武に勝利しなければ頂点はない。野村ヤクルトの唯一の目標はここにしぼられていった。

93年のレギュラーシーズンがはじまった。快調なスタートダッシュと思いきや、開幕から3連敗。10試合を消化した時点で3勝7敗、首位から4・5ゲーム差の5位と低迷した。しかし5月末に首位に立つと、9月初めに2日間だけ2位に後退したが、再び奪首するとそのまま一気に突き進みペナントを獲得した。最終成績は80勝50敗、勝率6割1分5厘、2位の中日に7ゲーム差の圧倒的な強さを示した。

野村監督の目指した投攻守走の高度にバランスのとれたところでの、データ重視の野球が実を結んできたのだ。守備の要である古田捕手を軸に、池山遊撃手、土橋勝征二塁手、飯田・城中堅手のセンターラインを整備した。古田捕手にリードされる投手陣も先発、中継ぎ、抑えと分業を確立した。伊東昭光（13勝）、西村龍次（11勝——4年連続の二ケタ勝利）、川崎憲次郎（10勝）

らの先発陣の活躍。新人の伊藤智仁の先発とリリーフでの大活躍（デビューから2ヶ月半で7勝2敗、防御率0・91、新人王）。高津が入団3年目にして待望の抑えに定着し、20セーブを挙げたのだ。なお、投手陣を巧みにリードした古田の盗塁阻止率は、6割4分4厘と脅威の高率であった。古田は守備、打撃など総合評価でMVPを受賞した。

打撃面の向上も際立った。チーム打率がリーグトップ。個人成績でも、前年に首位打者になった古田3割0分8厘（リーグ6位）をはじめハドラー3割0分0厘（7位）、ハウエル2割9分5厘（8位）、荒井幸雄2割9分1厘（9位）と、打撃10傑に4人が入った。広沢は94打点で2度目の打点王に輝いた。

こうした高い総合力をもつチームに成長したヤクルトが、前年に続いて絶対王者西武と対決することになった。93年の日本シリーズである。結果を先に書いておこう。4勝3敗でヤクルトが日本シリーズを制覇した。15年ぶり2度目の日本一である。野村監督にとって南海時代に選手として日本一になっているが、監督として初めての歓びとなった。一方の西武の森祇晶（本名の「昌彦」に代え、西武監督時代から芸名を使用）監督にとっては、前年までに2度目の日本シリーズ3制覇を達成してきて、本シリーズで初の4連覇を目指したが、敗北となった。森監督は翌年もリーグ優勝したが、日本シリーズで巨人に敗れ退任した。

さて、野村・ヤクルトが森・西武に勝利した93年日本シリーズは、先にみたように4勝3敗と第7戦までもつれたのであった。その中で、私には第4戦と第7戦がポイントになった試合であったと思われる。そして両試合に野村野球のエッセンスが表れていると考える。

第1戦と第2戦は、西武のエース工藤公康投手や郭泰源投手らを打ち崩し勝利した。第3戦は、西武が渡辺久信の実績（日本シリーズ6連勝）に違わぬ好投により勝利した。そして迎えた第4戦である。エース川崎が終盤まで好投し、抑えの高津が締めた。1対0の完封である。ヤクルトの1点は、4回に1死満塁で池山がライトへ犠牲フライで得たもの。守備の面でも好プレーがあった。西武の8回の攻撃において2死走者1、2塁で鈴木健がセンター前ヒット。中堅手飯田の絶好のバックホームで二塁走者の笘篠誠治をタッチアウトに。1点を守り切ったのである。犠牲打という状況に応じた打撃、瀬戸際での鉄壁の守備、先発と抑えのしっかりした役割分担などは野村監督の目指すものであった。これでヤクルトの3勝1敗と王手。

第5戦と第6戦は西武自慢の強力打線が火を吹き（清原の1号ソロ、鈴木健の1号満塁ホームラン、秋山の3号満塁ホームラン）、郭、鹿取義隆、潮崎哲也投手らの活躍もあり連勝。これで3勝3敗の五分。いよいよ決戦の第7戦だ。ヤクルトの先発投手はエース川崎。西武の先発は日本シリーズにめっぽう強く、本シリーズでも第3戦に勝利投手になっている渡辺久信。投手戦が予想されたが、1回表にヤクルトは広沢の3ランホームランで先制。しかし西武も負けじと1回裏に清原の2ランで追いすがる。ヤクルトは終盤まで川崎投手ががんばり、西武も渡辺から工藤、石井大と継投し1点差のまま7回までゲームが進行。8回表にヤクルトが1点を追加し、4対2と2点差に広げて、ヤクルトは裏の西武の攻撃から抑えの切り札高津を投入し、逃げ切った。打線の主軸およびエース投手と抑えの切り札の活躍による勝利。野村監督にとって会心の試合展開であり、しかも西武を破って念願の日本一となったのだ。

本シリーズを通しての表彰選手をみても、野村監督の強化策がみごとに成功したことを理解することができる。

・最優秀選手賞―川崎憲次郎（2勝）
・敢闘賞―清原和博（2本塁打）
・優秀選手賞―飯田哲也（外野手としての好守備）、高津臣吾（3セーブ）、潮崎哲也（2セーブ）

野村ヤクルトの野球観、勝利の戦術戦略はほぼ完成形に近かったといえる。投・攻・守・走の高度なバランスあるチームづくり。データを重視した考える野球の全選手およびコーチらへの浸透。これらを就任4年という短期間で実を結ばせたことになる。地力のついたヤクルトは連覇こそ達成できなかったが、93年に続いて95年（対オリックス）、97年（対西武）と日本シリーズを3度制覇し、90年代〈ヤクルトの時代〉を強く印象づけたのである。

（ヤクルトの戦績、記録データや、日本シリーズの経過の詳細についてWikipedia参照）

（3）西武の強さの秘密とオリックス優勝の原動力

〈強い西武〉

93年の日本シリーズでヤクルトに敗れたとはいえ、西武の強さは80年代、90年代を通してプロ球界で群を抜いていた。82年から98年までの17年間で、リーグ優勝13度、日本シリーズ制覇8度という凄まじさである。65年から73年までの日本シリーズ9連覇を含む驚異の成績を挙げ続けた60年代・70年代の巨人に匹敵する強さであったといってよい。

では、この西武の強さの秘密はどこにあったのだろうか。黄金期の西武は、大きくは3期に分ける必要がある。第1期は82年～85年の広岡達朗監督時代、第2期は86年～94年の森監督時代、第3期は95～98年の東尾修監督時代（在任中に2度リーグ優勝）。

3期のうち特に第2期に注目したい。この期の森監督は、第1期の広岡監督の作戦参謀役のコーチになり、選手への厳しい生活管理とディフェンス重視の野球を徹底すべく、猛練習とミーティングを重ねていく。そして広岡—森体制の初年度・82年から85年までの4年間でリーグ優勝3度、日本シリーズ2度制覇している。森は、85年の日本シリーズで阪神に敗れた後に退任を表明した広岡に代わり、監督に就任した。

西武ですでに4年のコーチ歴がある森は広岡野球を継承しつつ、さらにチームの練り上げ

郵　便　は　が　き

467－0803

お手数ですが、
切手を貼って
投函してくだ
さい。

名古屋市瑞穂区中山町５−９−３
桜山社
中日ドラゴンズを哲学する　係行

このたびは小社の書籍をご購入いただき、誠にありがとうございます。今後の参考にいたしますので、下記の質問にお答えいただきますようお願いいたします。

●この本を何でお知りになりましたか。
□書店で見て（書店名　　　　　　　　　　　　　　　）
□ Web サイトで（サイト名　　　　　　　　　　　　　）
□新聞、雑誌で（新聞、雑誌名　　　　　　　　　　　）
□ラジオ番組で（番組名　　　　　　　　　　　　　　）
□その他（　　　　　　　　　　　　　　　　　　　　）
●この本をご購入いただいた理由を教えてください。
□著者にひかれて　□テーマにひかれて
□タイトルにひかれて　□デザインにひかれて
□その他（　　　　　　　　　　　　　　　　　　　　）
●この本の価格はいかがですか。
□高い　□適当　□安い

中日ドラゴンズを哲学する
データを超えた野球の〝楽しさ〟

●この本のご感想、著者へのメッセージなどをお書きください。

●強いドラゴンズ復活のために、今何が必要だと思われますか。

お名前　　　　　　　　　　性別　□男　□女　　年齢　　歳

ご住所　〒

TEL　　　　　　　　　　　e-mail

ご職業

このはがきのメッセージを出版目録やホームページなどに使用しても

可・　不可　　　　　　　　　　　　　　　ありがとうございました

を図るのである。投手陣の整備とともに、攻撃陣ではホームラン打者田淵幸一の引退（84年シーズン終了後）もあり後釜の確保、育成、そして細かなサインプレーに対応できる守備と走塁面での強化等である。そうしたことによるレギュラーメンバーの高いレベルでの固定化が目指された。

投手陣では先発の東尾修、工藤、松沼兄弟ら、救援と抑えの軸に森繁和、潮崎ら。守備の面では特にセンターラインの強化として捕手の伊東勤（83年の日本シリーズから出場）、遊撃手の石毛宏典、二塁手の辻発彦らを固定した（中堅手は未だ固定できず田尾安志、西岡良洋、岡村隆則らの併用）。そして攻撃陣の主軸として重視したのが秋山幸二の他に、鳴り物入りで入団した高卒新人の清原和博であった。清原は5月には早くも5番を打ち、シーズン終了時に打率3割0分4厘、打点78、本塁打31で全て高卒新人の歴代最高記録を打ちたて、新人王を受賞した。日本シリーズでは、全試合4番一塁で出場し、打率3割5分5厘で優秀選手賞に輝いた。

森監督の構想はほぼ成功し、監督就任の1年目の86年から88年までリーグ優勝とともに日本シリーズを3連覇した。さらに1年はさんで、90年から94年までリーグ5連覇（うち90～92年日本シリーズ3連覇）の偉業を成し遂げたのである。日本シリーズ3連覇2度（1年間をはさんでの）は巨人のV9に匹敵するほどの偉業といっても過言ではないであろう。

〈オリックスの優勝〉

先にみたように、93年にヤクルト、そして94年に巨人に敗れ、日本一を逸したとはいえ、80年代から90年代にかけてパ・リーグにおいてだけでなく、日本プロ野球界の王者として君臨し続けた西武が、95年、96年と2年続けてオリックス・ブルーウェーブ（以下、「オリックス」）にリーグ優勝を阻止された。

このオリックスとはどのような球団なのか。オリックスは、88年10月19日に阪急電鉄から球団譲渡を受けたオリエント・リース（大手総合リース企業）が親会社になり、阪急ブレーブスをオリックス・ブレーブスと球団名を改めたのである。今回のような球団譲渡、名称変更などについては過去にいくつかあるが、阪急に類似する直近の代表的な例として、79年の西鉄ライオンズから西武ライオンズへの変更がある（この間に多少の経緯あり。73〜76年、太平洋クラブライオンズ→77〜78年、クラウンライターライオンズ）。あの50年代に代表される強かった西鉄の親会社が、九州福岡の西日本鉄道から首都圏を本拠とする西武鉄道へ移ったのだ。

こうした西鉄や阪急の例は、60〜70年代の高度経済成長を終えた日本の、地方から大都市への人口移動や資本の集中、第3次サービス産業の伸張といった経済社会構造の大きな変化の一環とみることができるであろう。

新球団オリックス・ブレーブスの監督には、阪急から引き続いて上田利治が就いた。本拠地球場も西宮球場のままであった。初年・89年と2年目の90年の両シーズンはいずれも2位を確保した。

91年に本拠地を西宮からグリーンスタジアム神戸へと移し、球団名をオリックス・ブルーウェーブと改めたのである。この時点で球団名からも阪急ブレーブスに関係するものが一切無くなり、阪急ファンであった私などには淋しいものとなった。監督には巨人でV9時代を中心に活躍した土井正三が就任し、初年の91年ドラフトで田口壮、鈴木一朗（後の登録名イチロー）らを入団させた。94年シーズンから、50年代の三原・西鉄時代に日本シリーズ3連覇に貢献し、また西本・近鉄時代にコーチを務めた仰木彬が監督として指揮した。

そして95年シーズンで初めてリーグ優勝を飾ったのである。実は、この年の1月17日早朝に、あの阪神・淡路大震災が発生したのだった。オリックスの本拠地・神戸が被災の中心。選手の多くも被災。だからこそチーム全員、球団挙げて「がんばろうＫＯＢＥ」をスローガンに前を向いたのだ。

前年の94年シーズンからレギュラー外野手に定着し初の首位打者に輝き、また日本球界初のシーズン２００安打を達成したイチローは、95年も首位打者賞を獲得するほどに打撃面で活躍するとともに、好守強肩の外野守備、走塁面でも優勝に大きく貢献した。投手陣も佐藤義則をはじめ長谷川滋利、野田浩司、鈴木平、小林宏らの活躍が大きかった。しかしヤクルトを相手にした日本シリーズでは、1勝4敗と敗退した。

第3戦を除き4敗のうちの3敗は、全てロースコアで1〜3点差での敗北であった。しかし結果は古田捕手を中心としたヤクルトの守りに屈した完敗といってよかった。

翌96年シーズンもリーグ優勝を達成した。日本シリーズは長嶋巨人との対決となった。結果は4勝1敗と快勝し、仰木監督にとって初の、そしてチームとしても初の日本一となった。イチローはこの年ももちろん首位打者に輝いた（ここまでで3年連続）。この日本シリーズの特徴は、イチローの本塁打や好守備が目立ち、外国人選手ニールの勝負強いバッティングが目立ったものであった。しかしそれ以上に、何といっても鈴木投手の4セーブに表れているように、投手の小刻み継投の連続による僅差での、勝負を懸けた仰木監督の好采配が際立ったシリーズだったといえる。

ここで思い出すのは89年の日本シリーズ。当時近鉄の監督だった仰木は巨人と対決した。第1戦から3連勝し王手をかけてからの4連敗。屈辱の敗退であった。96年の日本シリーズでは、仰木監督の指揮する球団は違ったが、対戦相手は89年時と同じ巨人であり、その巨人に4勝1敗の完勝。みごとに雪辱を果たしたのだった。

（西武とオリックスの戦績や選手個人の成績データについてWikipedia参照）

（4）中日の5度目優勝の原動力

ヤクルトが3度目の日本シリーズを制覇した翌年・98年には、横浜ベイスターズ（93年以降、横浜大洋ホエールズから改名）がリーグ優勝を飾り、そして西武を破って日本一に輝いた。実に38年ぶりの出来事であった（60年の三原監督「大洋ホエールズ」時代以来）。ここで私が多少ともこの時期のこのチームに注目するのは、監督が権藤博であり、捕手が谷繁元信だったからである。

権藤は61年に中日に入団し、当年に〈権藤・権藤・雨・権藤・雨・雨・権藤・雨・権藤〉のエピソードがあるほど登板（チーム試合数130の半分以上の69試合）し、35勝を挙げ、最多勝利、最優秀防御率、最多奪三振の各賞を受賞し、さらに新人王と沢村賞にも輝いた歴代中日の投手のなかで代表的な1人である。また谷繁元信捕手も、2002年に中日に移籍し、2004年からの中日黄金期を不動の捕手として支えた選手だ。2人とも中日と深い関わりがある。

〈横浜ベイスターズの優勝（98年）〉

権藤は98年から2000年までの3年間監督を務めるが、その初年に早速優勝したのである。その原動力は何だったか。権藤は自らが功あり名のある投手であったし、ピッチングコーチの経験もありで、先発投手、中継ぎ、抑えと投手陣の整備とその采配には定評があった。

先発には三浦大輔、斎藤隆、野村弘樹、川村丈夫ら、中継ぎに阿波野秀幸、福盛和男、戸叶尚、島田直也、五十嵐英樹ら、そして抑えに佐々木主浩。彼らが年間通して安定して活躍した。特に注目すべきは、中継ぎ救援投手の陥りやすい肩肘などの故障を防ぐためにローテーションを確立したという点である。そして抑えの佐々木投手への絶対的な信頼。佐々木は信頼に応え、セーブ数45と大活躍。最優秀救援投手賞、最優秀選手賞を受賞し、またベストナイン（投手）、月間MVP（投手部門で、6月と9月）に選出された。剛速球と鋭く落ちるフォークボールで三振の山を築き、「大魔神」と称されるようになった。

攻撃面は「マシンガン打線」と称されたように、大砲・ホームランを重視したものではなく、単打や二塁打を打ち出しては止まらない機関銃のように連打していく特徴をもたせた。権藤監督は犠牲バントを極度に嫌い、ヒッティング策を貫いていった。その結果、チーム併殺数は114のリーグワースト。他方で、石井琢朗（打率3割1分4厘）、波留敏夫（打率2割7分3厘）、鈴木尚典（打率3割3分7厘／首位打者）、ローズ（打率3割2分5厘）、駒田徳広（打率2割8分1厘）、佐伯貴弘（打率2割8分9厘）らレギュラーがほぼ全員好打率、チーム打率2割7分7厘（リーグ1位）、得点642（リーグ1位）、二塁打235（リーグ1位）、三塁打23（リーグ1位）の好成績。ちなみに本塁打100（リーグ3位）であった。

非常に高い守備力も評価されねばならない。谷繁（捕手）、駒田（一塁手）、ローズ（二塁手）、進藤（三塁手）、石井（遊撃手）と内野手全員がリーグのゴールデングラブ賞に輝いた。

こうした佐々木—谷繁バッテリーに象徴される堅守と「マシンガン打線」とがみごとに噛み合い、権藤監督の攻撃型の野球観に基づく好采配が光った横浜ベイスターズの強さはリーグ優勝ばかりか、西武との日本シリーズでも如何なく発揮され、4勝2敗での日本一となったのだ。

（横浜ベイスターズ関連の戦績や個人別記録データについてWikipedia参照）

〈中日5度目の優勝（99年）〉

権藤監督が率いる強い横浜ベイスターズやヤクルト、巨人らを下し99（平成11）年に優勝したのが中日であった。その原動力はどこにあったのだろうか。

99年の中日は、96年に5年ぶりに復帰した星野仙一監督の4年目にあたる。1年目の96年には巨人に次いで2位、翌年は最下位に沈むが、翌98年には横浜ベイスターズに屈しつつも2位を確保した。星野は浮き沈みのある、もろに感情を出し勝負に異常に拘る闘将型に見えるが、実は戦略型のリーダーといえるのかもしれない。それは先にみたように、過去3年間の成績は上下に大きくぶれた闘将型を示している。だが、その過程においても着々と以下のように戦力を整えていたのだ。戦略・知将型の証しである。

投手陣の整備——97年に最多勝（18勝）と最多奪三振（159個）のタイトル受賞の山本昌、98年には新入団で14勝、新人王受賞の川上憲伸、また最優秀防御率賞（2・34）の野口茂樹、最優秀中継ぎ投手賞（19・70 RP）の落合英二ら。他の投手では受賞は無いが、中継ぎと抑えに正津英志、前田幸長、岩瀬仁紀、宣銅烈ら強力な布陣を整えた。さらに99年に、ダイエーから最多勝の受賞経験のある武田一浩も先発投手の一員として、ＦＡで獲得している。こうした投手陣容によって、98年には12球団トップの防御率を誇るまでになった。

攻撃と守備陣の整備の面で重要な課題があった。97年創設のドーム球場への対応という点だ。広く大きい、外野フェンスの高いドームでは本塁打は出にくい。だからそれへの対応として、破壊力ある長距離ヒッター打線を組むか、それともディフェンスと走力を重視し、スピード感に溢れ機動力ある野球を追求するか、星野監督の選択肢は二つあった。

星野監督は守りを重視した機動力あるチームづくりを重視したのだ。98年シーズンに向けて早速、かつて本塁打王や打点王に輝いたこともあり、中日随一の長距離打者である大豊泰昭および捕手の矢野輝弘を含めた交換トレードで、阪神から好守・好打の関川浩一外野手と久慈照嘉内野手を獲得した。さらに俊足強打の「韓国のイチロー」といわれていた李鍾範を獲得した。3人とも複数ポジションを守れるユーティリティープレーヤーであったので、戦術において幅広い選択が可能となり、攻守両面で大幅な戦力アップが図られた。

彼らに加えて「ミスター二塁打」とよばれるようになる、まさに中軸の立浪和義、中距離打者として急速に成長している福留孝介（後の２００２年に首位打者）、そして強打者の山﨑武司（96年本塁打王)、ゴメス、そして正捕手にして打撃力もある中村武志らが顔を連ねることになる。決して大型打線ではないが、長距離打者を挟んで前後に機動力も小技もあり、時には二塁打や三塁打さえ期待できるスピード感溢れる好打線が整備された。

強固な投手陣と、今までみられなかったほどの好打好守備力との高いレベルでバランスのとれたチームになった中日の99年シーズンが始まった。期待通りの猛ダッシュとなった。それは開幕11連勝というプロ野球タイ記録になるほどのものであった。4月は16勝6敗の好成績を収めた。しかし5月になると投打ともに怪我や不振に陥る選手が何人も出て、6月中旬には2位に後退。5、6月は21勝23敗と負け越した。

しかし間もなくして川上、野口、武田ら先発投手らがそろって完封勝ちを演じ、打線の方も関川をはじめ機動力ある選手たちが先頭を切ってチームを引っ張っていった結果、前半戦を50勝33敗の好成績で終えたのだった。

8月に入っても、投打とも好調を維持していき8月24日に早々とM27を点灯させた。だがマジックはマジックである。順調に数を減らしていけばよいが、調子を落とすと消えてしまい、相手チームに〝逆点灯〟することも当然ありうるのだ。中日の9月はそのような危機に見舞われた。中旬に、2位の巨人に1・5ゲーム差に迫られた。しかしここからがこれまでの中日とは違った。末にかけてチーム一丸、8連勝という離れ業をやってのけた。

そして中日の劇的なゲームの1つとしてしばしば取り上げられる9月26日、対阪神戦での山崎武司の逆転サヨナラ3ラン。これが9月30日の11年ぶり5回目の優勝を決定づけたといってよいであろう。

ドーム球場に対応した、戦略・知将型＝星野監督の狙い通りの、シーズンを通じ全体として投攻守走のよく噛み合ったチームによる優勝だったといえる。81勝54敗、勝率6割0分0厘の好成績であった。

日本シリーズは、王貞治監督の福岡ダイエーホークスとの対決となった。現役選手時代の〈星野—王〉対決は、〈星野—長嶋〉対決とともに、中日・巨人戦におけるハイライトの1つとして、60年代〜70年代にかけてファンを熱く惹きつけるものであった。星野投手は対巨人戦には異常といえるほどに闘志をみなぎらせ投げ抜いた。通算成績では35勝31敗であり、対巨人で30勝以上挙げたリーグ歴代の投手（13人）中6位タイ（江夏豊とともに）、勝率5割以上（平松政次、川口和久を含め3人のみ）中第1位の好成績を挙げた。

真っ向勝負を挑む星野は長嶋に対しては強く、通算111打数26安打、打率2割3分4厘しか打たれていない。しかし王との対決では完敗に近かった。通算195打数62安打、打率3割1分8厘。そして24本塁打（安打3本に1本強の本塁打）と打ち込まれたのだった。

星野の王に対する雪辱なるか。監督同士の対決も99年日本シリーズの見どころの1つとなった。だが、やはりというべきか。このシリーズは王・ダイエーの完勝、1勝4敗で星野・中日の完敗となった。

中日の4敗のうち3回の完封を許すほどに打てず、投手陣の方も川上が8回2失点の好投で1人気を吐いた以外は、エース級の野口が2敗、武田と山本が1敗と期待に応えられなかった。これでは知将の星野も策を施すことができなかった。王・ダイエーの方は、エース工藤を中心に永井智浩、星野順治ら先発陣ががんばり、また篠原貴行、ペドラザら中継ぎ、抑えと鉄壁の投手力を示した。攻撃陣も、秋山幸二（本塁打2）をはじめ城島健司（本塁打1）、小久保裕紀（本塁打1）、井口資仁、ニエベスら長打も走塁も良しの好選手がそろっていた。

投攻守走、どこからみても王・ダイエーが抜きん出ていた。それもそのはず、投打の主軸である工藤も秋山も、90年代のプロ野球界に王者として君臨した西武ライオンズから、全盛期の力を維持したまま移籍してきた選手だったのである。

リーグ優勝を果たし続け、日本シリーズを制覇するにはあらゆる分野での一層のレベルアップを図らねばならない。星野・中日には難しく重い課題を突きつけられた99年日本シリーズとなった。

（99年レギュラーシーズン・日本シリーズ経緯について『70年史』186〜189頁参照）

コラム　記憶に残る選手たち⑥　「国民的行事」としての〈10・8決戦〉（94年）と「私の一日」

ドイツ・フランクフルト空港を発った飛行機が、予定より少し遅れて名古屋空港に到着した。10月8日（土）夕方の5時過ぎであった。私は94年の9月26日（月）～30日（金）、ドイツのイェナ・ワイマールで開催された国際フィヒテ学会に出席し、研究発表を行い帰国した。

89年の11月にベルリンの壁が開放され、東西ドイツの統一が事実上実現した。統一前のドイツ、またベルリンには調査研究のため何度も訪問してきたが、統一後のドイツに足を踏み入れたのは実は94年時が初めてであった。国際学会への参加と発表が最大の目的であったが、同時に数年間でのドイツの様々な変化をぜひ見て確認したいと思った。

イェナもワイマールも、フィヒテやヘーゲルやマルクス、またシラーやゲーテらドイツを代表する思想家、詩や文学の芸術家たちが活躍した小さな都市ではあるが、その有する文化的意味の点では大きな都市だ。今日のＥＵにおいても代表的な学術文化都市の１つとして指定されている。

統一ドイツの都市で開催された国際学会の参加者と発表者の多さにまず驚かされた。5日間での発表者だけでも100人を超えており、それに発表はしない参加者を含めると、盛会以上のものであった。街のなかは復興工事で沸いていて、煩雑といってもよいほどに明るく元気で、活気があった。宿泊したホテルは欧米系のもので、部屋が大きく明るいうえに、食事代、部屋代は驚くほどの安さだ。

イエナ・ワイマールでの学会を終え、ベルリンに寄った。統一ベルリンではイェナ・ワイマールの幾倍もの活気を感じた。統一されてよかった、が実感であった。

ベルリンからミュンヘンへ向かい、10月3日から6日まで当地のフィヒテ研究所（所長はミュンヘン大学のR・ラウト教授—かつての留学時の指導教授）で資料収集を行ったのだった。

充実感で満たされた10日間余りであった。名古屋空港に迎えにきてくれていた妻の運転する車に乗り込んだのは6時半を過ぎていたように思う。自宅へ向かう本街道に入ったところで、ラジオのスイッチを入れた。中日—巨人の同率首位でのペナントレース最終戦、〈10・8決戦〉はもちろん知っていたからだ。「国民的行事」（長嶋監督）といえるほどに多方面から注目されている試合であることも承知していた。僅差で巨人がリードしている。その時、妻から「北海道の父から電話があり、末期の肝臓ガンとの診断を受けた。後半年余りの……」と深い悲しみを内に秘めた、無機質な声でのごく事務的な知らせがあった。頭の中が真っ白。それからのラジオ放送がまったく頭に入って来ない。記憶なしなのだ。巨人が中日に勝利し、リーグ優勝を決めた。〈10・8〉は私にとって天国から地獄への一日となった。

海を渡るＭＬＢ挑戦者たち

第5章　黄金期

——山田監督から落合監督へつなぎ4度の優勝

前章でみたように、中日が5度目の優勝を果たしたのは99（平成11）年である。翌年の2000年に入ると、戦後の1950年にセ・パ両リーグに分かれてスタートしたプロ野球も50年の歴史を刻むことになり、社会の変化とも関わり大きな変革期を迎えることとなった。

1つには、球団の親会社の交代、球団統合による新創設などの動きが急速に進行した。親会社の交代では、2005年に〈ダイエー〉から〈ソフトバンク〉への変更により、球団名が福岡ダイエーホークスから福岡ソフトバンクホークス（以下、「ソフトバンク」）へ変わった。球団統合による新創設では、2005年に大阪近鉄バファローズの球団身売り問題が発生したのをきっかけに球界再編、1リーグ制問題が球界を超えて話題になり、結局はオリックス・ブルーウェーブと大阪近鉄バファローズの合併による2球団の新設で落着。その結果、オリックス・バファローズ（以下、「オリックス」）と東北楽天ゴールデンイーグルス（以下、「楽天」）が誕生した。

2つには、すでに95年から始まっていた日本プロ野球の一流選手による米メジャーリーグへの移籍が急速に、しかもテンポよく進んでいった。そのパイオニアにあたるのが、95年近鉄・野茂英雄投手のロサンゼルス・ドジャースへの移籍である。2000年横浜・佐々木主浩投手（シアトル・マリナーズ）、01年オリックス・イチロー外野手（シアトル・マリナーズ）らが続く。そしてついには、03年巨人・松井秀喜外野手が野球人憧れのニューヨーク・ヤンキースへ移籍した。さらに、04年西武・松井稼頭央内野手（ニューヨーク・メッツ）、06年ソフトバンク・城島健司捕手（シアトル・マリナーズ)、07年西武・松坂大輔投手(ボストン・レッドソックス)、08年中日・福留孝介外野手(シカゴ・カブス)、広島・黒田博樹投手(ロサンゼルス・ドジャース)、09年中日・川上憲伸投手(アトランタ・ブレーブス)、巨人・上原浩治投手(ボルチモア・オリオールズ)、12年ヤクルト・青木宣親外野手(ミルウォーキー・ブルワーズ)、日本ハム・ダルビッシュ有投手(テキサス・レンジャーズ)、14年楽天・田中将大投手(ニューヨーク・ヤンキース)、16年広島・前田健太投手(ロサンゼルス・ドジャース)が移籍した。そして18年に投打二刀流の日本ハム・大谷翔平がロサンゼルス・エンゼルス入団となった。彼らは皆、日本で大活躍した選手たちであり、移籍したメジャーリーグでも期待通りの働きをしてきたのである。このようなプロ野球界での動向は、〈輸入国日本〉が〈輸出国日本〉へと明らかに移行してきている画期的な姿の表れということができる。

3つには、先の1および2の動きは、国内外の経済や政治といった社会状況の大きな新たな変化が背景にあることを示している。80年代中期からのバブル景気全盛が90年代はじめにかけて崩壊。その結果、地価下落をはじめ諸物価下落、消費マインドの低下によるデフレ傾向が長期にわたり続いていく。他方でIT化社会の進行により、ネット関連会社、業種が一気加勢に力をつけていく。当然ながらこれら会社、業種はグローバル性をもち、国際競争力をも重視するのはいうまでもない。

こうした状況がプロ野球球団経営にいち早く表れた典型例は、89年に〈阪急〉から〈オリックス〉への球団譲渡であった。球団名も阪急ブレーブスからオリックス・ブレーブスへ変更された。さらに91年にはオリックス・ブルーウェーブと変更になり、伝統ある阪急ブレーブスは跡形もなく消えてしまった。これは阪急という電鉄、不動産、百貨店等の業界の衰退に代わって、各種リース、金融等のネットサービス業界の伸張を意味しているといえる。同じ傾向のものとして、２００５年に近鉄という阪急と類似の業界が去り、オリックスとともに楽天が親会社となり、オリックス・バファローズと東北楽天ゴールデンイーグルスの2球団が設立されたのである。ダイエーからソフトバンクへ経営権が移行し、05年にできた福岡ソフトバンクホークスもオリックスや楽天とまったく同一のケースといえる。

球団経営の親会社が海外にも眼を向けたグローバル会社なら、そこに属しているプロ野球の選手たちも、自分に能力があると自信をもつならば、米メジャーも〈すぐそこにある〉選択肢の1つとして考え、自分を試してみたいと思うのは必然的流れであろう。〈野球の最高峰・米国へ〉は時代の要請といえるのである。

コラム　記憶に残る選手たち⑦　アメリカでの活躍を夢みて
——野茂・イチロー・松井・大谷らのメジャー挑戦

中学生になると英語が新しい学習教科として入ってくる。ワクワクすると同時に、難しそうだと不安にもなる。中学2年になった頃、先生からクラス全員に一つの提案があった。アメリカの生徒とペンパルにならないかというものであった。

私はその1人として手を挙げた。簡単な自己紹介として、趣味の野球のことや勉強で好きな教科について短文を書き先生に提出した。2ヶ月ほど後にインディアナポリスの女子中学生から返事が届いた。ごく簡単な自己紹介の内容のものであった。それでもアメリカ人の、同じ年頃の女子中学生からのものであったから秘められた大切なものとなっていった。

2~3ヶ月に1度程度の割合で手紙の交換が続いた。私の書く内容は、ジョー・ディマジオ、ミッキー・マントル、ヨギ・ベラ、ウィリー・メイズら野球のメジャーリーガー、ニューヨーク・ヤンキースの選手たち、そしてジョン・ウェインに代表される西部劇映画など男子生徒好みの話題ばかり。1年余り経ったいつの頃からか、手紙の交換も自然消滅していった。私は野球部にも入っていたし、興味は野球へと熱を帯び向かっていった。

中学生や高校生の時期に野球に関わったものであれば、その聖地は甲子園。そしてプロ野球の選手にとっての聖地はいうまでもなく米メジャーであろう。ピンストライプのユニホームを着て、ヤンキー・スタジアムのグラウンドに一度でいい、立ってみたい。これは夢どころか、夢のまた夢の話なのだ。

夢の実現は自分でなくてよい。自分に間接的に関わる人物であれば自分のことのように思え歓べるはずだ。それでも無理なことなのか。いやしかし、戦後に日本のプロ野球が新発足して50年近く経った頃、驚くべき正夢が起きたのだ。

1995年に野茂英雄がドジャースへ入団した。日本球界で最多勝や最多奪三振等の多くの賞を受賞した球界屈指の投手である。この野茂がメジャーで通用するのか。通用しなければ次に続かない。多くのファンや関係者が固唾を呑んで彼の戦績を見守った。心配無用であった。新人王を獲得し、2度のノーヒットノーランも成し遂げた。メジャー100勝、日米通算200勝を達成し、メジャー進出のみごとなパイオニアとなった。

2001年にイチローが続いた。7年連続首位打者に輝いていた実績を持ってのマリナーズ入団であった。メジャーのあのパワーにどう対応できるだろうか、と多くの懸念の声もあった。しかしイチローは2度の首位打者、年間安打数メジャー記録更新、メジャー3000安打、2019年3月、45歳で引退するまで日米通算4367安打を放ち、とんでもない記録を打ち立てた。懸念どころか、誰にも認められ愛された選手であった。

そして2003年に日本のホームラン王・松井秀喜があのヤンキースへ入団し、日本プロ球界の長年の夢であったヤンキー・スタジアムのグラウンドに立ったのだ。そして松井はメジャー最高峰のワールドシリーズでMVP（2009年）に輝いた。ヤンキースには2014年に田中将大投手も入団し、エース格で現在も活躍中だ。

2018年シーズンからは投打二刀流としてはじめてメジャーへ――。エンゼルスの大谷翔平選手である。投手として165km/hの日本人最速記録保持者である大谷は打者でも活躍し、ア・リーグ新人王に輝き、今後の活躍がますます楽しみである。日本球界からメジャーへ、そしてメジャーから日本球界へ。いよいよプロ野球界も本格的なグローバル化の時代がやってきたといえるようだ。

では、球団の再編があり、実力と実績のある選手たちが次々とメジャーへ移籍していき、逆に多くの実力ある外国人選手が参入してきた日本のプロ野球では、2000年代以降どのような状況になり、いかなる結果が生じてきたであろうか。その過程では、05年シーズンからセ・パ交流戦がレギュラーなものとして組み込まれたのも注目すべき新たな企画である。

２０００年から19年までの20年間におけるセ・リーグ、パ・リーグの優勝回数の多い球団順に挙げると次のようである。

セ・リーグ：巨人（9度。日本シリーズ4度）、中日（4度。日本シリーズ1度・リーグ2位から）、広島（3度）、ヤクルト（2度。日本シリーズ1度）、阪神（2度）、横浜（無し）

パ・リーグ：ソフトバンク（前身はダイエー）（7度。日本シリーズ7度・2度リーグ2位から）、西武（5度。日本シリーズ2度）、日本ハム（5度。日本シリーズ2度）、ロッテ（1度。日本シリーズ2度・1度リーグ3位から）、楽天（1度。日本シリーズ1度）、近鉄バファローズ（1度）

以上の結果から分かる特徴点がいくつかある。

① セ・リーグでは巨人が圧倒的に強く、20シーズンのうちのほぼ半分にあたる9シーズンで優勝し、2年に1度ほどの頻度である。3連覇が2度あり（２００７～09年と12～14年）、安定感は際立っている。次いで中日であり、4度の優勝（加えて07年はリーグ2位から日本シリーズへ、そしてシリーズ制覇）がある。これらはすべて04年から11年の8年間に集中している。広島の3度の優勝は16～18年までの3連覇である。

② パ・リーグではソフトバンクが少し前へ出、西武と日本ハムが拮抗して続いている。記録に表れた数字ではその通りであるが、西武の5度のリーグ優勝のうち2度（18～19年）は、クライマックスシリーズ*（ＣＳ）でリーグ2位のソフトバンクに敗退し、日本シリーズへ

の出場権を逃がしているのであるから、実質的にはソフトバンク優勝、西武2位といえる。したがって、これも実質的にみてということであるが、リーグ優勝回数はソフトバンクは7＋2＝9、西武は5－2＝3といえるであろう。ソフトバンクの強さはセ・リーグの巨人と同様に際立っているのである。

＊ペナントレース終了後、シーズン上位3球団によって行われ、日本シリーズ出場権をかけた試合のこと。2段階あり、ファーストステージでは2位と3位のチームが戦い、2勝先勝チームがファイナルステージで1位チームと戦う。ここで4勝（1位チームに1勝のアドバンテージ）先勝チームが日本シリーズ出場権を得る。先にパ・リーグで行われていたが、2007年シーズンから両リーグで実施されるようになった。

ソフトバンクの強さはとりわけ10年から19年までの10年間で際立っている。5度のレギュラーシーズン優勝に加えて、先に述べた2度のCS勝利であるから、実質的な優勝回数は7度となる。そして日本シリーズを6度制覇している。

③　CS結果を踏まえてのセ・パ両リーグの優勝チームによる日本シリーズでは、セ・リーグ6度、パ・リーグ14度制覇している。結果をみるとパ・リーグの圧勝である。セ・リーグの6度のうち4度は巨人、パ・リーグの14度のうち7度はソフトバンクが日本一に輝いている。

ではセ・リーグ最強の巨人とパ・リーグ最強のソフトバンクの直接対決の結果はどう

だろうか。両者の対決は互いに避けているかのようにごく少ないのである。20年間で2度（2000年、2019年）にすぎない。00年は巨人が勝利し、19年のシリーズは20年ぶりの〈ON対決〉としてもファンの目を惹きつけた。00年の時の王はダイエー（ソフトバンクの前身）の監督として、長嶋は巨人の監督として対決し、長嶋巨人の勝利。そして19年シリーズでは王はソフトバンク球団会長、長嶋は巨人終身名誉監督としての対決である。結果は4勝0敗でソフトバンク圧勝となった。

④　レギュラーシーズン優勝チーム以外で日本シリーズを制覇したチームが3つ・4度ある。07年の中日（セ・リーグ2位）、10年のロッテ（パ・リーグ3位）、18年と19年のソフトバンク（いずれもパ・リーグ2位）。これらCS勝ち上がりチームの試合には大きな感動深いドラマがあった。07年の中日の場合には、投手2人によるパーフェクトゲーム（完全試合）があった。10年のロッテにあっては、リーグ3位からの勝ち上がりであり、シリーズでも中日相手に4勝2敗1分けと堂々と勝利した。そして18年と19年のソフトバンクの場合には2年連続になり、17年の制覇と合わせて日本シリーズ3連覇となった。この記録は1990年〜92年にかけての西武の3連覇以来、ほぼ20年ぶりの快挙となった。

⑤　2007年シーズンからはじまったCSの興味深さとともに、1975年シーズンからパ・リーグにおいてのみ実施されていた指名打者*（DH）制が、85年から日本シリーズで

も行われるようになったことの意義の検討も必要である。後者が、日本シリーズ14勝6敗というパ・リーグ優位問題に関係しているかどうかの点である。

＊攻撃時に投手に代わって打席に立つ攻撃専門の選手。

ここまでのほとんどの特徴点に、興味深いことにソフトバンクが関わっている。それ故、ソフトバンクについての詳細な分析は、中日の黄金期から低迷期の内容を検討し、再び強い中日を復活させるためのヒントを見出し、提言するための基礎的な作業として必須であると私は考えている。

(1) ソフトバンクの強さの秘訣と原動力

〈データ上での強さの再確認〉

ソフトバンク（前身のダイエー時代を含めて）は２０００年～19年の20年間にパ・リーグ優勝を７度達成し、他にリーグ２位でＣＳを２度勝ち上がり（18年、19年）日本シリーズへ進出した。そしてこの９度の日本シリーズ挑戦に関して、７度シリーズを制覇している。パ・リーグでのソフトバンクによる日本シリーズ挑戦権獲得率は20分の９、つまり４割５分の高さであり、日本シリーズ制覇率は９分の７で、７割８分の高率である。

当該の確率問題を直近のここ10年（10〜19年）に限ってみると、ソフトバンクのリーグ優勝5度とCS2位からの2度勝ち上がりをプラスすると計7度となり、日本シリーズ挑戦権獲得率は10分の7、つまり7割へと高まる。そしてシリーズへ7度進出したうち6度制覇している。したがって日本シリーズ制覇率は7分の6、つまり8割6分弱の異常とさえいえる高率だ。

ソフトバンクの強さは、レギュラーシーズンという6ヶ月にわたる長期戦ばかりか、まずCS、続いて日本シリーズの短期戦においてもみられる特徴である。長期戦については先のリーグ優勝数等のところで、また短期戦のうちの日本シリーズについてはすでに述べたので、ここでは短期戦のCSについて少しふれておきたい。

18年と19年のCSをソフトバンクはいかに戦っただろうか。18年の場合、レギュラーシーズンの順位は1位＝西武、2位＝ソフトバンク、3位＝日本ハムであった。したがってファーストステージの対戦はソフトバンクと日本ハム。結果は2勝1敗でソフトバンク勝利。この結果を受けてファイナルステージは〈西武対ソフトバンク〉となった。ソフトバンク＝4勝、西武＝2勝（1位アドバンテージ1勝含む）となり、ソフトバンクが日本シリーズへの出場権を得た。

19年の場合、レギュラーシーズンの順位は1位＝西武、2位＝ソフトバンク、3位＝楽天であった。2位と3位によるファーストステージは2勝1敗でソフトバンクが制した。この結果、ファイナルステージは〈西武対ソフトバンク〉となった。西武＝1勝（1位アドバンテージ1勝のみ）、ソフトバンク＝4勝（4連勝）となり、ソフトバンクが日本シリーズへの出場権を得た。

なおソフトバンクは、19年の場合、CSのファーストステージ第2戦・第3戦からファイナルステージの4連勝まで繋げて6連勝となった。付け加えておけば、CS後の日本シリーズにおいてもソフトバンクは巨人を相手に4連勝してシリーズ制覇を果たしている。したがってソフトバンクは、ポストレギュラーシーズンで10連勝の快挙となった。短期戦においてもソフトバンクは強い、というのが明らかであろう。

ソフトバンクが強いという場合、長期戦ではいうまでもなくレギュラーシーズンにおいてもである。セ・パの交流戦があるとはいえ、ほとんどの試合がパ・リーグ内のものである。パ・リーグ内ということでいえば、リーグだけの制度としてDH制がある。この制度がソフトバンクの強さの大きな要因になっているのだろうか。

DH制は、レギュラーシーズンのセ・リーグでは実施されていない。しかし短期戦の最たるものである日本シリーズにおける、パ・リーグ出場チーム本拠地球場での試合にあってはDH制の活用が許可されている。そこで、ここ20年間を10年間ずつ2区分し、日本シリーズでのDH制を活用した試合での、パ全体とともにソフトバンクの結果についてみてみたい。

・２０００年〜09年：パ・14勝13敗（勝率５割２分）（参考：ＤＨ無しでは12勝17敗・勝率４割２分。シリーズの勝敗パ・セ５勝５敗）

ソフトバンク（前身のダイエー）・４勝３敗（勝率５割７分）

（参考―ＤＨ無しでは２勝４敗・勝率３割４分。シリーズの勝敗は１勝１敗）

・２０１０年〜19年：パ・23勝７敗（勝率７割７分）（参考：ＤＨ無しでは15勝12敗・勝率５割６分。シリーズの勝敗はパ９勝・セ１勝）

ソフトバンク・14勝３敗（勝率８割２分）（参考：ＤＨ無しでは10勝５敗・６割７分。シリーズの勝敗は６勝０敗）

以上のデータをみると、２０００年〜09年の10年間と、２０１０年〜19年の10年間の間には大きな変化がみられる。

①　２０００年〜09年の10年間ではパの日本シリーズ出場チーム全体からしても、またソフトバンクにおいても、ＤＨ試合はセに対して多少上まわり、ＤＨ無しでは逆にセに対してわずかに負け越しているため、シリーズの成績ではパ・セ５勝５敗の５分、ソフトバンクも１勝１敗の５分となっている。

②　２０１０年〜19年の10年間でのパ・リーグと、その一員であるソフトバンクの強さは際

立っている。日本シリーズはパ9勝、セ1勝とパの圧勝であるが、その多くにソフトバンクの大きな貢献が占めているといえる。ソフトバンクは、DH無しでもセのチームに勝率6割7分の高率であるが、DHでの勝率8割2分は異常といえるほどの高率だ。

③　先のデータのところには明記しなかったが、ソフトバンクのとりわけ2014年～19年の間（5年間、16年は日本シリーズ出場無し）には、DHでは13勝0敗、日本シリーズ5年（連続）制覇なのである。

これらを確認すると、パ・リーグおよびソフトバンクの対セ・リーグへの強さとDH制との因果関係は、特にここ数年来強まっているように考えられる。強さの全ての要因ではないが、DHは確実に重要な要因の1つといえるであろう。

では他の重要な要因としては何があるだろうか。以下で項目だけでも挙げておきたい。これらは時間をかけ十分に検討しなければならない事柄に違いないが、中日再建の参考になると考えるので項目設定だけでも意義は大きいと思う。

①　球団経営の基本資金が潤沢であること。

②　選手、コーチ、監督としての類まれな実績と豊富な経験の持ち主である王貞治氏がGM（ゼネラルマネージャー）として、また（副）会長として球団の組織と運営のあり方および計画

を長期的展望のもとで考え、立てていること。

③ 1軍、2軍の他に3軍を設け、この3軍を長期展望のもとで選手の育成の視点から重視していること。

・3軍は、1軍（29人以内）・2軍の支配下登録という公式戦出場資格（70人以内）のない育成選手たちで構成されている。独立リーグや社会人、また外国チーム（韓国、台湾）と対外試合し、実戦の経験を積ませている。

・3軍では1軍・2軍の怪我や故障を抱えた選手のリハビリも行っている。なお3軍をもつ広島はリハビリ専門部門とのこと。

・育成から経験を積み、技能を高めて1軍に昇格し、チームの中核を担っている選手も出ている。千賀投手や甲斐捕手はその代表例である。

④ 選手の層が厚く、1軍の先発メンバーをみても、クリーンナップを2つ組めるほどのものであること。その要因として、

・複数ポジションを守ることができる選手が多い。

・各選手は高い技能をもちつつ、選手間で大きな技能の差がみられず、適時に交代が可能になる。

・内外野手に俊足選手が多い。

⑤　投手陣がよく整備されていること（球速もありコントロールもよい、左右そろっている）。
・先発―大竹耕太郎、千賀滉大、高橋礼、武田翔太、バンデンハーク、東浜巨、和田毅ら
・中継ぎ―石川柊太、甲斐野央、加治屋蓮、嘉弥真新也、高橋純平、モイネロら
・抑え―森唯斗、（甲斐野央、モイネロも登板あり）、（サファテは故障治療中）

以上のことを中日再建の検討のさい、大いに参考にしたい。

（2）中日ドラゴンズの〈黄金期〉の原動力

中日は1999年に星野監督のもとで優勝して以降、翌年はリーグ2位、翌々年は5位へと沈んだ。この年度をもって星野監督は6年間の任を終えた。継いだのは投手コーチを担当していた山田久志であった。山田監督はピッチングスタッフを整え、チームを2年間（2年目は途中から佐々木恭介に代理監督を任す）で2位に浮上させた。

2004年から中日の監督に就任したのが落合博満であった。落合はロッテ時代に三冠王を3度獲得するほどの、バットマンとしてプロ野球界のレジェンドの1人である。世紀のトレードといわれ、牛島投手ら4人との交換で1987年シーズンから中日の一員となり、またその後中日から巨人へと移籍し、94年「国民的行事」（長嶋巨人監督）ともいわれた〈10・8決戦〉（〈中日対巨人〉戦の同率最終試合決戦）では中日と対戦し、巨人の勝利＝優勝に貢献した落合。現役引退

後コーチの経験もない落合の中日監督人事は異例のものとなった。それ故にファンのみか、世間一般の注目も大きかったといえる。

落合は監督就任の早々に、チーム全員に向かって「個々の選手が全員、現状を10％底上げすれば優勝できる」と宣言したのだ。この宣言内容についてはマスコミのインタビューでも絶えず述べていたので、私は今でもよく記憶している。

私はこの10％発言に、優勝を口にするならこの程度で大丈夫か、そして10％向上をいかにして実現するのかのいずれについても半信半疑であった。落合監督はキャンプから、1・2軍を分けずにチャンスを全員平等に与え、猛練習を課したのだ。選手個々の動きをみて、「ここのチームはこれまであまり練習をしてこなかったな」を口癖のように発言しているのを、テレビや新聞を通して見聞きした。練習こそが上手くなる、強くなる王道なのだと。

選手起用も、ある面では常軌を逸しているといえるような異例のものとなった。「オレ流」と世にいわれる独特のもの。しかしここには落合の勝負師としての独特の読みや計算が働いていたと言わざるをえない。好結果を出していくのだから。

例えば、それは監督就任の1年目の、それも開幕戦の先発投手に起用した川崎憲次郎にみられる。川崎は肩の故障で3年間1軍での登板がなかったのだ。案の定、川崎は2回途中5失点で降板。しかしここからの展開が大事なのである。結局は逆転で勝利する。3年間のブランクがあろうと、1・2軍の全メンバーが対等の立場で練習を積み重ねていった結果、1軍の試合に出場できるという期待感を植え付けることができること。5点リードされている劣勢においてこそ「10%底上げ」の実態を確認できること。ここらあたりに落合監督の目論見があったのでは、と私は考えている。

初戦を逆転勝利し、そして第2戦、第3戦と開幕3連勝を飾った。この実績は選手たちに自信を持たせるに十分なものとなった。選手たちが猛練習の結果に自信をもてば、その選手たちを率いリードして優勝に導いていくのは、監督以下の首脳陣の役割と考えていたに違いない。以後の落合監督の采配は自由自在であったと思われる。全選手がいつも好調を持続できるわけではない。5月にはいったん最下位に沈む。しかしまたチームは復調し、前半戦は2位巨人に4・5ゲーム差をつけて首位で折り返した。

8月のアテネオリンピックに出場のため、投打の中心である福留孝介と岩瀬仁紀が抜けた。この穴を首脳陣の見事な采配もあり、平井正史と英智が埋めたのである。山井大介投手の719日ぶりの完封による勝利。320試合連続救援登板中の落合英二の、7年ぶりの先発勝利。こうした好結果を次々と生み出し、落合は監督初年で初優勝を飾った。中日は5年ぶりの優勝となった。

（2004年レギュラーシーズンの経緯について『80年史』152〜153頁参照）

リーグ優勝は果たしたが、日本一には届かなかった。西武との日本シリーズは3勝4敗で敗退した。しかし04年シーズンは、落合監督にとっても中日にとっても好スタートの初年となった。そして落合監督（と首脳陣）は年度ごとにチームの戦力の高まりを確認し、長期的戦略を打ち立てていく。それははっきりと目に見える形で、例えば年度ごとの個人タイトル受賞者（中日の選手に限る）の名前（タイトル名）に表れている。以下で、まずその点を確認しておきたい。

〈2004年個人タイトル受賞者〉（リーグ優勝）

・MVP―川上憲伸（投手、1度目）
・最多勝投手―川上憲伸（17勝、1度目）
・最優秀中継ぎ投手―岡本真也（24・80 RP、1度目）
・ゴールデングラブ―川上憲伸（投手、1度目）、渡邉博幸（一塁手、1度目）、荒木雅博（二塁手、1度目）、井端弘和（遊撃手、1度目）、アレックス（外野手、1度目）、英智（外野手、1度目）

〈2005年個人タイトル受賞者〉（リーグ2位）

・最高出塁率―福留孝介（4割3分0厘、2度目）
・最多セーブ―岩瀬仁紀（46、1度目）
・ゴールデングラブ―荒木雅博（二塁手、2度目）、井端弘和（遊撃手、2度目）、福留孝介（外野手、

3度目）

〈2006年個人タイトル受賞者〉（リーグ優勝）

・MVP―福留孝介（外野手、1度目）

・首位打者―福留孝介（3割5分1厘、2度目）

・本塁打王―ウッズ（47本、3度目）

・打点王―ウッズ（144点、1度目）

・最高出塁率―福留孝介（4割3分8厘、3度目）

・最多勝投手―川上憲伸（17勝、2度目）

・最優秀勝率投手―川上憲伸（7割0分8厘、1度目）

・最多セーブ―岩瀬仁紀（40、2度目）

・最多奪三振―川上憲伸（194、1度目）

・ゴールデングラブ―川上憲伸（投手、2度目）、谷繁元信（捕手、1度目）、荒木雅博（二塁手、3度目）、井端弘和（遊撃手、3度目）、福留孝介（外野手、4度目）

〈2007年個人タイトル受賞者〉（リーグ2位。CSで勝ち上がり日本シリーズ進出、そしてシリーズ制覇）

・盗塁王―荒木雅博（31、1度目）

・日本シリーズMVP―中村紀洋（三塁手、1度目）

・ゴールデングラブ―川上憲伸（投手、3度目）、谷繁元信（捕手、2度目）、荒木雅博（二塁手、4度目）、中村紀洋（三塁手、1度目）、井端弘和（遊撃手、4度目）

〈2008年個人タイトル受賞者〉（リーグ3位）

・ゴールデングラブ―荒木雅博（二塁手、5度目）、中村紀洋（三塁手、2度目）、井端弘和（遊撃手、5度目）

〈2009年個人タイトル受賞者〉（リーグ2位）

・本塁打王―ブランコ（39本、1度目）

・打点王―ブランコ（110点、1度目）

・最多勝投手―吉見一起（16勝、1度目）

・最優秀防御率投手―チェン（1・54、1度目）

・最多セーブ―岩瀬仁紀（41、3度目）

・ゴールデングラブ―谷繁元信（捕手、3度目）、荒木雅博（二塁手、6度目）、井端弘和（遊撃手、6度目）

〈2010年個人タイトル受賞者〉（リーグ優勝）

・MVP―和田一浩（外野手、1度目）

・最高出塁率―和田一浩（4割3分7厘、1度目）

・最多セーブ―岩瀬仁紀（42、4度目）
・最優秀中継ぎ投手―浅尾拓也（59HP、1度目）
〈2011年個人タイトル受賞者〉（リーグ優勝）
・MVP―浅尾拓也（投手、1度目）
・最多勝投手―吉見一起（18勝、2度目）
・最優秀勝率投手―吉見一起（8割5分7厘、1度目）
・最優秀防御率投手―吉見一起（1・65、1度目）
・最優秀中継ぎ投手―浅尾拓也（52HP、2度目）
・ゴールデングラブ―浅尾拓也（投手、1度目）、谷繁元信（捕手、4度目）、大島洋平（外野手、1度目）

以上の〈個人タイトル受賞者〉から明確なように、落合監督就任時の2004年～11年の8年間に、リーグ優勝4度、8年間全てAクラス、日本一1度の実績を挙げ、その中で投・攻・守・走の全分野で一流のプレーヤーを育て上げていったのである。タイトル受賞者を含め、改めて各分野で活躍した選手を確認しておきたい。

投手：（先発）川上、吉見、山本昌（06年ノーヒットノーラン、08年200勝）、山井大介（07年日本シリーズ、岩瀬の救援を受けてのパーフェクトゲーム）、チェン、川井雄太（09年開幕から11連勝の球団新）、中田賢一、小笠原孝、朝倉健太、佐藤充（中継ぎ）岡本真也、浅尾拓也、石井裕也、鈴木義広、平井正史、

高橋聡文、小林正人、河原純一、ネルソン、三瀬幸司（抑え）岩瀬
打者：ウッズ、ブランコ、アレックス、福留、森野将彦、和田一浩、立浪和義（09年引退、「ミスター二塁打」歴代1位）、井上一樹、平田良介、藤井淳志
守備：川上憲伸（投手）、浅尾拓也（投手）、谷繁元信（捕手）、渡邉博幸（一塁手）、荒木雅博（二塁手）、中村紀洋（三塁手）、井端弘和（遊撃手）、福留孝介（外野手）、アレックス（外野手）、英智（外野手）
走塁：荒木（11年３００盗塁）、大島洋平、井端弘和、福留孝介

以上、みてきたように8年間に投手王国といわれるような強力な投手陣が構築された。先発、中継ぎ、抑えと分業体制もしっかりと、とりわけリードして7回まで進行していると、8回は浅尾、そして9回は岩瀬で抑え、ゲームセットという筋書きだ。投手ばかりが万全ということではない。堅い守備も自慢のものだ。投手・捕手（谷繁）・二塁手（荒木）・遊撃手（井端）・中堅手（アレックス）といった、球界一ともいえる強力なセンターラインが出来上がっていった。特に荒木・井端の二遊間コンビは6度連続で、リーグのゴールデングラブ賞を受賞したほどであった。

打撃の分野でも、ウッズやブランコが本塁打王と打点王にも輝き、福留は首位打者になり、また立浪は「ミスター二塁打」といわれるほどに例年中距離ヒッターとして活躍し、２０００本安打を達成したのだった。そして走塁、盗塁面でも荒木を先頭に、守備の名手（ゴールデング

ラブ賞）は総じて足も速く、走塁も上手いことを実績で示した。

こうして投・攻・守・走の高いレベルでバランスのとれた中日がチームとしてできていったのである。８年連続Ａクラス（４度リーグ優勝、１度日本シリーズ制覇）は必然の結果だったといえるであろう。

コラム　記憶に残る選手たち⑧　ウッズの満塁弾と〈山井→岩瀬〉投手リレーによる完全試合

ドイツ・ミュンヘン市中の公衆電話から名古屋の自宅へ電話した。「ウッズの満塁ホームランで今、中日が優勝を決めたところよ」と妻の興奮気味の声。「よかった」と私はすぐに電話を切った。２００６年10月10日（火）午後３時30分頃であった。

ドイツと日本の時差が７時間ほどなので、その時は日本時間の夜10時30分頃。優勝までＭ（マジック）１で迎えた中日は巨人を相手に、同点の延長12回に、福留の勝ち越し打に続いて、ウッズが満塁ホームランを打ち、優勝を決定づけたのだ。夕食に１人で、「中日の優勝を祝い、ドイツではじめてのワインを飲む」（日記から）。

10月５日～13日、ドイツ近代哲学のヘーゲルと近代バイエルン王国の改革構想との関連について調べるため、科学研究費の交付を受けてハイデルベルク→チュービンゲン→アウグスブルク→ミュンヘンと資料調査にまわっていた。ハイデルベルク駅のキオスクでは「朝日新聞」、「日経新聞」など当日付けのものが販売されていた。

10月7日付けの新聞を10数秒間立ち読みして、昨夜に山本昌の好投で広島に勝利し、中日M4を確認した。こうした過程を経て10日を迎えたのだった。11日付けの「朝日新聞」をミュンヘン駅内のキオスクで3・8ユーロ（約550円）で購入した。中日の優勝を大きく報じた記事を熱心に、そして楽しく読んだことであった。

昼食後、R・ラウト先生（ミュンヘン大学名誉教授）宅を訪問した。高齢ではあるが、広い芝生の自宅庭を散歩されていた。お元気な様子にひと安心しつつ小1時間懇談し、近著をいただいて辞去した。これが先生とお会いした最後となった。ラウト先生は翌2007年8月に亡くなられた。享年88歳。

翌年、2007年も9月19日～30日、ドイツのベルリンへ資料調査に行った。プロイセン王国での近代的改革の中心人物であるシュタインとハルデンベルクの改革構想案として有名な、前者の「ナッサウ覚書」、後者の「リガ覚書」、それぞれの原文の検索とコピー。また彼らの具体的な改革政策としての「ベルリン勅令」や「都市条例」のマイクロフィシュからのコピー等、他にも、以前から親交のあったM・ブール教授

（ベルリン科学アカデミー哲学研究所長）宅を訪問した。先生はカント、フィヒテ、ヘーゲルなどドイツ近代哲学研究の権威の一人である。残念にも当時、ガン治療のため入院されていた（先生は翌２００８年10月に逝去。享年81歳）。このようなこともあり、なかなかハードな数日を過ごした。

資料調べの主な場所はポツダム広場にある国立図書館と、旧東ベルリン・ウンターデンリンデン通りにある国立図書館（ベルリン・フンボルト大学隣り）である。ポツダム広場の直ぐ近くにはベルリンフィルがあり、またベンツとソニーの共同開発により大規模なアーケード・商店街ができていて活気がある。ウンターデンリンデンの方も、壁の崩壊後ずいぶんと人通りも多く賑やかだ。

こうした良き環境のもとでの調査研究に没頭していたためであろうか、中日に関しては20日（木）に駅構内で立ち読みした新聞による確認で「巨人は阪神に、中日はヤクルトに勝って、阪神との差はまた０・５ゲーム」（日記から）の記述だけ。ペナントレースの最終結果は帰国してからのこととなった。巨人が優勝、２位中日、３位阪神である。この年からはじまったＣＳの第１ステージで中日は２連勝で阪神を下し、第２ステージでも巨人を３連勝で圧倒して日本シリーズ出場権を得たのである。

日本シリーズは昨年も対戦し、１勝４敗と屈辱を受けた日本ハムとの雪辱戦となった。第1戦は破れたものの、第2戦から4連勝し、みごと昨年の借りを返したのだった。特にみごとだったのは、3勝1敗と中日に王手のかかった第5戦、山井のパーフェクトゲームなるかの投球で、1対0とリードしたまま9回へ。ここで山井に代わり登場したのが抑えの守護神・岩瀬であった。岩瀬は13球で三者凡退に抑えた。山井―岩瀬はシリーズ史上初となる継投での完全試合で、中日を53年ぶり2度目の日本一へ導いたのであった。

この日は11月1日、大学での学長補佐という重職の辞令交付を受けた。2日後には、ゼミ出身で中日新聞社へ就職していた卒業生から、「先生　ドラゴンズの日本一おめでとう」の添え書きとともに、2日付けの一面に「53年ぶり悲願　日本一」の大文字が躍る「中日スポーツ」が送られてきた。うれしい限りだ。一生の宝物として今もしっかり保管しているのはいうまでもない。

（3）中日ドラゴンズの低迷

落合監督が退任してからがなかなか大変な経過をたどることになった。２０１２年に高木守道が監督に就任した初年は2位を確保したが、２０１３年~19年までの7年間はBクラスに沈んだままである。13年までの高木監督の後、14年～16年は谷繁元信監督、17年～18年は森繁和監督。そして19年からは与田剛監督が指揮を執っている。

チームが低迷する不振の原因は監督にあるのだろうか。それは要因の1つにあるのかもしれない。しかしそうであっても一要因でしかないであろう。複数の要因が重層的に絡んでいるように考えられる。

① 個々の選手の力量が落ちてきており、チームの全体力が低減しているようだ。選手の力量については、12年からの例えば個人タイトル受賞者が激減しているところにみることができる。〈12年受賞者〉盗塁王（大島洋平）、最多セーブ（岩瀬仁紀）。〈13年受賞者無し〉。〈14年受賞者〉最多勝投手と最優秀勝率投手（山井大介）。〈15年受賞者無し〉。〈16年受賞者無し〉。〈17年受賞者〉本塁打（ゲレーロ）。〈18年受賞者〉首位打者と最多安打（ビシエド）。〈19年度受賞者〉最多安打（大島洋平）、最優秀防御率（大野雄大）、最優秀中継ぎ（ロドリゲス）。

他の表彰選手としては、ゴールデングラブ―森野将彦（14年／一塁手）、大島洋平（14～16・18～19年／外野手）、平田良介（18年／外野手）、高橋周平（19年／三塁手）。また最優秀新人―京田陽太（遊撃手）。

② 中日ばかりか日本プロ球界のレジェンドといってよいほどの、数々の記録を残した選手

たちが現役を引退し、また有力選手たちが移籍していった。引退選手：13年シーズン後＝山﨑武司一塁手。15年シーズン後＝谷繁元信捕手、小笠原道大外野手、和田一浩外野手、山本昌投手。17年シーズン終了後＝浅尾拓也投手、岩瀬仁紀投手、荒木雅博二塁手。他球団への移籍選手：13年＝平井正史投手、ブランコ一塁手、14年＝井端弘和遊撃手、中田賢一投手、16年＝高橋聡文投手

③ 2004年～11年の中日黄金期をつくり上げた、主な選手たちの引退や他球団への移籍にとって代わる選手が育成されてこなかった。やっと19年になって、大野雄大投手が最優秀防御率のタイトルを獲得（初）し、高橋周平選手がゴールデングラブ賞（三塁手・初）と月間MVP（5月の打者部門・初）で表彰され、同時に規定打数に到達したうえで好打率（2割9分3厘）を確保した。また福田永将選手が月間MVP（9月の打者部門・初）で表彰され、同時に本塁打18本、打率も規定打数に到達して2割8分7厘とした。高橋は入団8年目、福田は13年目にしての初受賞だ。また入団10年目になる岡田俊哉投手は後半戦から抑えとして定着し、活躍した。遅咲きの感は否めない。しかし確かに開花してきた。

他にも19年シーズンでは、入団5年目の加藤匠馬捕手が懸案であった正捕手に近づく活躍をした。入団4年目の阿部寿樹選手が二塁手のレギュラーの位置を確保したようだ。打率は2割9分1厘と規定打席に達したうえでの好打率と大活躍であった。入団6年目の祖

父江大輔投手、入団4年目の福敬登投手、三ツ間卓也投手らは中継ぎの不可欠の存在としてまで印象づける活躍であった。特に三ツ間投手は育成契約からの出発であり、その活躍を賞賛したい。

こうした良き状況を迎える選手の数を増やし、1軍レギュラーとして活躍できる時期を早めることができるかは、今後の選手の育成方針に関わる球団のあり方の問題である。

④ 選手の育成とともに、新入団選手（ドラフト選手の選択分野等）に関する事項は球団のあり方に関する問題である。19年シーズンでは、入団1年目と2年目のうちの特に投手らの活躍が目立った。梅津晃大が4勝（1年目で初先発から3連勝）、勝野昌慶が1勝（1年目）、山本拓実が3勝（2年目）、清水達也が2勝（2年目）であった。しかし野手では若手の目立った活躍はなかった。

先にみたように、19年シーズンでは長い低迷から脱していけそうな芽が確実に出てきたように思われる。各ポジションにはレギュラーとして定着しうる陣容ができつつある。投手陣でも、先発、中継ぎ、抑えと力量ある適性の布陣が確立してきたようだ。入団1〜2年目の若い投手たちの奮闘が、チーム全体に活気を与えてきている。

19年が新たなチームづくりの土台とするならば、20年からはさらに芽を大きく育て、開花させていくはじまりとなる。個々の選手に、さらに「10％の向上を！」と訴え、しっかりした練習を積んでいくことは基本中の基本だ。各人の技量の10％向上の総和は、直ぐに優勝に結びつくかもしれない。しかし直の優勝ということや1年限りの優勝ということよりも大事なのは、幾年にもわたって維持していくことができる強さをもったチームづくりだと私は考えている。そのためにこそ球団のあり方、チームの理念から具体的なチームづくりの内容と方法についての基本的な考えをまとめ、それを関係者全員が共有する必要があると思う。そのための提言を以下でいくつか述べることにしたい。

結び　昇竜への「提言」

〈その1〉中日は長い歴史をもつプロ球界でも屈指の伝統ある球団だ。その長い歴史においても、ほぼ一貫して中日新聞社が親会社であり続けてきた。戦後の1950年に2リーグ制になって以降からでも70年の歴史がある。この間、日本の産業構造の大きな転換により、多くの球団がその親会社を代え、チーム名を変えてきた。新聞社、映画会社、鉄道会社（系列の百貨店、不動産会社等を含む）などが親会社の主流であったが、その多くが景気の変動も影響し経営から退いていった。代わって新しい分野の、例えば情報、通信、IT関連会社、金融、総合リース会社等が主な親会社となった。そのような中で、新聞社が依然として親会社になっているのは中日と巨人の2球団だけである。もっとも巨人のそれは新聞、出版、テレビ、旅行、レジャー産業、不動産などを含めた多企業の大規模な統括体だ。このような巨人と比べて、新聞社そのものが親会社として存続し続けているのは中日だけだといってよい。

その意味からも中日球団―中日新聞社の関係の存続は、大きな歴史的意味と価値があるといえる。しかし同時に、産業構造の転換、現代社会に生きる人々の生活様式の大きな変容を視野に入れた親会社の問題にも、深い関心をもたざるをえないであろう。

そこで具体的な提案をしたい。親会社の柱を中日新聞社としつつ、経営権の〈市民への開放〉を訴えたい。この方式は、現行の広島東洋カープが行っていることの部分的応用なのである。

広島東洋カープは、東洋（工業）＝マツダを球団名に入れているが、球団と東洋工業とには資本関係がないのである。したがって経営の実態は、広島カープの創設期からの経営方式＝市民のカンパ、寄付、入場券収入、球場内での飲食代、グッズ売り上げ、スポンサー料、広告収入、テレビの放映権料等により経営運営を行っている。財務面での危機の時代もあったようだ。だが今日では多額の利益剰余金をもつ黒字経営となっている。近年は毎年２００万人を超えるスタジアム入場者が続いている。多くの市民、ファンの強力なサポートが健全な球団経営の基盤に他ならない。

私の提案する中日への運営、経営権の〈市民への開放〉といってもその全ての移行ではもちろんない。中日新聞社がその中心であり主柱であるのは、これまでと何ら異ならない。中日新聞社と広島型とをミックスさせるということなのだ。〈市民への開放〉はサッカーＪリーグのサポーター方式でもよし。また一般的なクラウド・ファンディングを取り入れた形でも可能だ。いずれにしても、地元の名古屋、愛知県、東海圏内の多くのファンに応援され、支えられた球団でありたい。

球団経営、運営権を〈市民〉も担うということは、その権限に関する方針の決定にも市民、ファンの意思が反映されるのはいうまでもない。その反映方式には十分な考慮が必要であろう。

ファンの拡大策は球団の経営と運営にとって、短期的にも長期的にも最も重要な事柄の一つである。小中学生のファンをもっともっと増やしたい。青年たちや若い女性たちをもっともっと球場へ誘いたい。中高年者をもっともっと野球で活気づけたい。これらについての基本的な考え方や具体的方策については、広報、マーケティング、消費者行動などについての専門家──アメリカ・メジャーなどで今や常識的になっている大学院・ビジネススクール修了者──の意見を聞いて練り上げていく必要があるだろう。またこうした方々を含めた有識者会議(ファン代表も)のようなものを球団内に常置して、ファン獲得の現状について適時に検証し、改善策について不断に議論していく必要があるように考える。

〈その2〉経営、運営権をもつ球団と、チーム現場との綿密な仲介役として、現場つまりプロ野球によく通じたGMや球団会長、副会長などを配置したい(ソフトバンク王貞治会長のような)。選手育成や編成の検討(育成制度や3軍制の設置など)、新人選択制(ドラフトへの方針と活用方法)、国内外からの選手獲得への方針等についての決定は重要である。

特に「育成」の点では、現在ソフトバンクが大きな成果を挙げている。千賀投手や甲斐捕手は育成から出発し、今では全日本級のスターにまで成長している。二人の他にも、投手では石川柊太、大竹耕太郎、モイネロ、そして牧原大成二塁手、周東佑京外野手(走塁専門でもある)らが一軍の有力プレーヤーとして活躍中だ。育成をチームづくりの基本として重視したい。すでに出来上がった実力ある選手を高額で他球団から、資金力にものをいわせて獲得するのとは正反対の方式、野球観なのである。

〈その3〉チームづくりの基本理念をもち、その実現、実行に必要な首脳陣（監督、コーチ）を配置することである。このことについての具体的な考えをまとめるにはプロ野球の歴史を振り返り、1950年のセ・パ両リーグに分かれてからのレジェンドといわれるチーム、球団がいくつかあり、そこから学ぶことがぜひとも必要だと考える。

それら球団を時系列に挙げるなら、1960年代〜70年代にかけての「V9」川上・巨人、70年代の上田・阪急、80年代「赤ヘル旋風」の古葉・広島、80年代〜90年代にかけての2度「V3」森・西武、90年代「ID野球」の野村・ヤクルト、2000年代初頭8年間の落合・中日、そして2010年代通しての「絶対的王者」秋山／工藤・ソフトバンクなどである。「打撃の神様」の呼称あり、ホームラン王あり、三冠王あり、200勝以上名球会入り投手あり、選手としてまた監督として優勝経験20度ほどの強者ありで、経歴をみるだけで目まいがするほどの豪華さだ。

しかしここで私が強調したいのは、彼ら有名な監督に対してではなく、むしろ監督に寄り添い、監督の手足になり手助けし、監督の目指す野球を現場で実現させるべく日夜分かたず努力したコーチ陣、ないしスタッフに注目したいということなのである。野球というドラマづくりの脚本と演出は監督であり、演じる役者は選手であるが、監督の目指すドラマを選手が演じられるように日々練習させ、訓練する中心にいるのが各種分野を担当するコーチなのである。強い球団にはよいコーチたちが存在する――これは金言だと思う。

5人ほどのコーチの名前を具体的に挙げてみたい。川上監督には牧野茂コーチ。森監督には伊原春樹コーチ。野村監督には松井優典コーチ。落合監督には森繁和コーチ。工藤監督には森浩之コーチ等である。彼らコーチは各球団で仕事をしている多くのコーチのなかの一人に他ならない。だから名称は様々である。ヘッドコーチであったり、守備走塁コーチ、作戦コーチ、打撃コーチ、投手コーチだったりする。しかし、監督にとって、そしてチーム全体にとって不可欠の存在と思われるので私は特記したのだ。

彼ら5人に共通する事柄があることにまずふれておきたい。5人は皆、現役選手期は10年未満と短く、成績も先述の監督たちと比べて、いわゆるパッとしないのである。牧野は現役8年、756試合出場、445安打、9本塁打。伊原は現役9年、450試合出場、189安打、12本塁打。松井は現役9年、140試合出場、33安打、0本塁打。森繁和は現役9年、344試合登板、57勝62敗・82セーブ。森浩之は現役4年、28試合出場、4安打、2本塁打。

同時に彼らは現役引退後プロ野球関連の、あるいはプロ野球機構内での様々な職種に就き、経験を積んでいるのである。牧野は自球団、中日のコーチを1年勤めた後、野球評論、解説を1年経験し、そして川上・巨人の1軍コーチとして入団。伊原は2軍守備走塁コーチ補佐、チームスタッフ等を経験後、森・西武の1軍守備走塁コーチ。松井は球団スタッフ、マネージャーを14年間勤めた後、野村・ヤクルトの1軍総合コーチやチーフコーチ。森繁和は西武で11年間投手コーチの経験後、落合・中日の1軍投手コーチ。森浩之は2軍コーチ補佐（バッテリー担当）、スコアラー、1軍作戦コーチ、1軍ヘッドコーチ。

こうして彼らは、後に名将といわれるようになった監督たちのまさに名参謀格を担っていったのだ。

強い中日・昇竜を目標にして、以下で目指すべき野球の基本スタイルに関わる諸事項について、先に述べたレジェンドともいえる監督たちと彼らの名参謀たちによる過去の作戦行動等を参照しながら、具体的にみておきたいと思う。

〈中日の目指すべき野球の基本スタイル〉

（1）堅実なディフェンス、スピード感に溢れた機動力あるチームづくり

過去の球界に野武士軍団、ミサイル打線、マシンガン打線のような突出した打撃重視のチームづくりが推奨された時期があった。しかしこれがたとえ完成したとみえても、その継続はきわめて困難である。

①投手陣の整備

２００４年～２０１１年までの中日黄金期・落合―森体制での考えと実行を参考にしつつ、先発―中継ぎ―抑えの分業制の一層の確立が必要である。中日だけでなく、近年のリーグ優勝や日本シリーズを制覇しているチームは例外なく充実した分業制に成功している。分業制のもとでのローテーションについて一言しておきたい。先発陣のローテーション方式はどのチームもすでに導入済みであるが、中継ぎにも今後は導入する必要があると思う。抑えも複数制を採用したい。現状のままだと特定の個人（抑え）、複数の数人（中継ぎ）の負担が過重すぎるように考える。他の具体例については本文中で既に述べているので、ここでは省略したい。

②内外野守備陣の整備

特に、センターライン＝投手―捕手―２塁・遊撃手―中堅手の守備強化が大事だ。アル・カンパニス著／内村祐之訳『ドジャースの戦法』（ベースボール・マガジン社、１９５７年、２６０頁）第三部指揮編中の「第13章　コーチまたは監督のために」において、「強力な中央線」の小見出しで強調されている。

（例１）Ｖ９時代の巨人＝投手―森捕手―土井２塁手・黒江遊撃手―柴田中堅手

（例２）２０００年代の落合・中日＝投手―谷繁捕手―荒木２塁手・井端遊撃手―アレックス／藤井淳志／英智中堅手

右記の2例には共通点が多い。

強いセンターラインの事例であるが、司令塔として百戦錬磨の2人の捕手を扇の要にし、ゴールデングラブ賞を幾度も受賞した鉄壁の二遊間コンビ、そして俊足で守備範囲が広く強肩の中堅手たちだ。水も漏れないほどの守備陣が構成されている。彼らはまたシュアで小技もなにかもに臨機応変な打撃術に加え、盗塁王にも輝いていた。2例ではどちらが優れていたであろうか。これは愚問である。しかしV9時代の巨人には、強力なセンターラインに加えて、王一塁手と長嶋三塁手という、守備の面でも華麗なプレーをみせる名選手が左右に構えていたのである。想像を絶する布陣であったといえよう。

③走力、肩力ある選手の養成

肩力の強い選手は内外野手のいずれにおいても、また敵味方の両方にとって貴重である。大事な試合における肩力ある選手がらみのクロスプレーは、緊張感溢れたプロ野球の醍醐味の一つである。走力は、守備においても攻撃、打撃においても基礎力の最も大事なものとして重視し、不断に鍛えあげていくよう心掛けねばならない。四球で出塁後の2盗成功の走力、通常のシングルヒットを2塁打に、また2塁打を3塁打にもできる走力、2塁ランナーの時、外野へのシングルヒットで必ず生還できる走力など、走力の重要性について挙げればきりがない。走力は味方を勝利に導く大きな武器となり、相手に大きなダメージを与える武器ともなる。絶えずその重要性をチームに徹底させておきたい。攻守交代時の守備位置へ、ベンチへの帰還の行為を敵味方両チームの選手は全速力で行うこと。試合全体のスピードアップ、時間ロス、そして試合時間の短縮につながり、スピード感溢れた、溌剌としたゲームになるであろう。

④高いレベルでの投・攻・守・走のバランス確保

この点についてはどのチームも目指すところである。しかしこのことへの中途半端な追求をもとに何かの個別分野で、例えば投手であったり、打撃であったりとチームの特色を強調していくと、一時的に成功したかにみえたとしても、結局は長続きのしない弱小チームになりかねない。

大事なことはしっかりとバランスのとれたチームづくりをしたうえで、さらに何かの分野で特色を打ち出していけば強く魅力的なチームができると考える。そのようなチームにあっては、極度の不振による大型連敗に陥ることが少なく、一時的に調子を落とすことがあっても、いずれかの要素の踏ん張りを起点にして早い時期に回復するはずである。戦後の70年にわたるプロ野球史に残る強いチーム（リーグ優勝や日本シリーズ制覇を幾度も達成している）はほぼ例外なく該当するであろう。

⑤作戦専門コーチの登用

前掲『ドジャースの戦法』の特色の1つは、「第一部　守備編」、「第二部　攻撃編」に続いて「第三部　指揮編」をおき、監督やコーチのためのチームの管理、運営方法の基本的教え―チーム編成の方法、打撃や守備の訓練、練習方法、打順の組み方、投手交代、ピンチヒッター等々の細部にまでわたる―について述べている点である（同書、255頁以下参照）。

それらのなかで私の眼に特に留まったことがある。それは、「すぐれた監督またはコーチの資格」として5つの教えを記述しているなかでの〈4．ゲームと作戦とに対する十分な知識〉という項目である。他の4項目―1．統率力、2．選手にベストをつくさせる能力、3．基本を教える能力、5．考えを実行にうつす勇気―は一般的なことで、当然に必要な能力である。これらに対して4．の〈ゲームと作戦〉への十分な知識力とは具体的で、かつ包括的な能力だと考えられる。この能力に関わる指導者といえば、文句なしにまずもって監督の資質なのだ。各コーチ、例えば打撃、守備、走塁などのコーチは個別分野を担当する。

個別分野を担当するコーチを全体として束ねるヘッドコーチや総合コーチはどのチームにも置かれる。しかし〈ヘッド〉や〈総合〉の意味不明な場合が見受けられる。このヘッドコーチなどが、〈ゲームと作戦〉の全体的統括者であり最終決定者である監督を補佐しえるならば、それでよしである。しかし意味不明なら、作戦専門コーチをおき、監督補佐に任ずることが重要だと私は思う。

これまでのチームでの具体的な名前を挙げれば、例えばV9時代川上・巨人の牧野茂コーチ、そして2019年まで日本シリーズ3連覇の工藤・ソフトバンクの森浩之コーチを挙げておきたい。

⑥3塁コーチの重視

3塁コーチの判断は勝負に直結する場合が多いため、特に重要である。前掲『ドジャースの戦法』においても強調されている（300頁参照）。

3塁コーチの判断に関して、かなり以前のことになるが特に印象深く記憶に残っていることがある。それは1987年の日本シリーズ、〈西武対巨人〉戦の第6戦の1場面である。2対1でリードしている西武の8回裏の攻撃。2死1塁でランナーは辻発彦。バッターの秋山幸二が左中間にヒットを放った。巨人の中堅手は左投げのクロマティがシングルヒットで確保。

ここで信じられない光景が生じた。常識的にはランナー1・2塁のはず。ところが1塁ランナーの辻が2塁ベースから3塁ベースへ。さらに加速して本塁へ。3塁コーチの伊原春樹の右手はゴーゴー指令の右手が大きく速く回りっ放し。クロマティ→川相昌弘遊撃手→山倉和博捕手へボールが転送されるも、辻は本塁ベースへ滑り込んでセーフ。西武の勝利を確実とさせた貴重な追加点となったのだ。この場面での西武・伊原コーチの判断がみごとだったのである。秋山によるヒット打球の勢い、2死という状況へのランナー辻の判断、彼の脚力（ベースランニング術）、クロマティ中堅手のボール確保の姿勢、肩力、山なりボール返球癖、川相遊撃手の走者辻への気づきの悪さ、打者走者秋山への強い関心度、等についての一瞬の総合評価―このもとでの伊原による辻本塁ゴーへの判断になったのだ。

3勝2敗の西武リードで迎えた日本シリーズ第6戦の勝負を分けただけでなく、4勝2敗で西武を日本一へと導いたと思われる伊原の的確な判断は、3塁コーチとしての典型例であったと私は考えている。

（2）ミーティングの重視、そして〈考える野球〉の徹底

野村克也は現役時代に20数年にわたる捕手一筋、極めて多くのデータを蓄積したうえでのインサイドワークに長けた名捕手として有名である。しかもバットマンとしても三冠王に輝いたり、ホームラン王や打点王を幾度となく受賞したりする強打者の代表の一人である。監督としての優勝は、プレイングマネージャーとして南海時代に1度経験した以外にない。名監督への

出発点は1990年のヤクルト監督への就任からはじまった。

野村はヤクルト監督（1990～98年）、阪神監督（1999～2001年）、楽天監督（06～09年）を務めた。その間、リーグ優勝4度、日本シリーズ3度制覇に輝いた名将だ。

この野村の監督時代のほとんど全ての期間にわたり1軍ヘッドコーチや2軍監督等を務めたのが松井優典であった。野村―松井体制で重視されたのが、周知の〈ＩＤ野球〉だ。データ（data）を重視した（important）野球が目指された。レギュラーシーズンの始まる前年の秋期キャンプや当年のスプリングキャンプの時期から、昼間の練習時の問題点を含め、練習後の夜間に野村監督、松井コーチを中心、講師にした全選手参加のミーティングが開かれたようだ。例えば、投手―捕手間での配球の問題、投手の配球と合わせた守備位置の変更問題、相手投手の配球や得意球に対する打者によるヨミと対応の問題……等々いくらでもある。ケーススタディーにより、ミーティングで意見交換し、良い例、悪い例をしっかり考え、頭に入れ、明日の練習で試行する。

こうした方法を野村と松井は、務めたどの球団においても徹底して行っていったのである。実践においては、守備を終えてベンチへ戻ったヤクルトの古田捕手が野村監督の横に立ち、相手投手―捕手の配球を巡っての野村のコメントを聴き、2人でミーティングしている姿がテレビでよく放映されていたのを憶えている。

もう1例を挙げておきたい。2019年度の日本シリーズは衝撃的な結果に終わった。〈ソフトバンク対巨人〉戦では4勝0敗でソフトバンクが勝利し、3連覇を果たしたのだった。巨人の若手野手たちのエラーがいくつかあったとはいえ、試合展開において巨人の完敗、ソフトバンクの筋書き通りの完勝といってよいシリーズであったと思う。

4戦を通しての先発投手の順番、投球回数、中継ぎ投手たち、セットアッパー、そして抑え、とそれぞれ分担に応じての登板とそこでの活躍がほぼ想定通りだったと思われる。野手、攻撃陣の対応も、DHの有無での選手起用も相手・巨人の先発投手たちに適合させてのもので、ファン目線からして違和感が無く、また選手が期待された通りの結果を出していた。先発攻撃陣容と控え選手の取捨選択、代打代走の選択もズバリといっていいほどに当たっていたように思う。ここにみられるように、監督、コーチら首脳陣の考えと選手たちによる各プレーでの対応がしっかり一致するとき、チームに勝利が確実に訪れる。それにはチーム全体が、様々に集積したデータ分析に基づくミーティング（全体、分野ごと等）を重視し、考える姿勢を習慣化させていなければならないであろう。

こうした点についてソフトバンクのケースを具体的に指摘したい。作戦に関わる出場選手の選択には、各分野のコーチらとの打ち合わせが大きな意味をもっているはずである。しかし最終的判断、決断は監督のものである。その際に決定的に重要になるのが、様々なデータに基づく素案を提案する人物だ。２０１９年の日本シリーズにあっては森浩之コーチであったと思われる。森コーチの提供するデータによる考える野球を、レギュラーシーズン中から通して習慣づけてきていたといえる。

テレビでの放送中、工藤監督の側に控え、度々２人が言葉を交わし、コミュニケーションをとっている場面を目にしたことがあった。私にとって馴染みのない顔のコーチであった。この人が森コーチであったのだ。現役期の略歴等については先に述べたので省略するが、近年では２０１３年から４年間にわたり球団のスコアラーを、そして２０１７年から１軍作戦コーチ兼バッテリーコーチ補佐を経て、２０１９年にヘッドコーチに就任したのである。

４年にわたるスコアラーの経験が特に重要であったと思われる。森コーチによる、スコアラー時代に蓄積された敵味方についてのあらゆるデータ分析に基づく的確な作戦案の提示、そのうえでの監督の判断と決断が日本シリーズ制覇の大きな要因だったと私は考えている。

２０１９年度のプロ野球で最も功績のあった人に贈られる正力松太郎賞にソフトバンクの工藤監督が選ばれたが（11月13日発表）、「データなどチームの力」の活用を通した「巧みな選手の起用」による勝利の遂行（表彰理由）からすると、正力賞は工藤監督と森コーチの共同受賞（もっといえば工藤監督はじめチームスタッフの共同受賞）であった、といってもいいのではなかろうか。

おわりに

1．〈君〉と〈僕〉と呼び合った無二の親友同士の夏目漱石（以下、漱石）と正岡子規（以下、子規）。二人はいうまでもなく日本近代を代表する文学者だ。

35歳の若さで子規が亡くなった時、ロンドンに留学中の漱石は彼の死を早めたとして自責の念に駆られた。多忙を理由に子規への便りを暫し怠ったからだと。

こうした漱石は野球が大嫌い（『吾輩は猫である』）。子規は野球ほど好きなものがないかのように熱中した。第一高等学校生の時期には野球部で捕手を守っていた。

2．子規に数少なくない野球を詠んだ俳句と短歌がある。

・「まり投げて見たき広場や春の草」　　［少年期に野球を始めた原風景］

・「九つの人九つの場をしめてベースボールの始まらんとす」　　［試合開始時の一瞬の緊張感］

・「打ち揚ぐるボールは高く雲に入りて又落ちてくる人の手の中に」　　［野球のもつ空間的広大さ］

3．漱石の代表作の一つ『三四郎』がある。熊本の高等学校（旧制）を修了し、東京帝大へ入学するために上京する汽車の中で三四郎が広田先生（後に判明）からこう言われる。「熊本より東京は広い。東京より日本は広い。」……「日本より頭の中のほうが広いでしょう」。純情で真っ直ぐな三四郎は、東京で多くのことに驚き、戸惑い、経験し学んだ。「日本より広い」自らの「頭の中」を懸命にはたらかせて、三四郎は何を成し遂げていったのだろうか？

4．それからの〈三四郎〉の姿を、このたび拙著を刊行してくださることになった桜山社の代表・江草三四朗さんに私はみたのだった。大学を卒業し会社勤めをされ、そしてさらに大学院ビジネスクール修了後、「今を自分らしく全力で生きている人の思いを大切に」すべく起業されたのだ。日本の各地域・地方の昭和史を写真で写し撮り、文章にまとめての郷土のシリーズ大作『大阪市の昭和』(他)づくりにも挑戦され続けておられる。大志とロマンに溢れた勉強家である。この今日の三四朗さんも野球大好きな、ドラゴンズファンである。私の想いとピッタリ一致したわけである。プロ野球の、ドラゴンズの昭和史も長いのである。

5．2019年はプロ野球が二リーグに分かれ、戦後に新発足(1950年)して70年になる。ドラゴンズはもちろん一度も球団名を変えずに70年。私もファンになってほぼ70年。70年の時代史・プロ野球／ドラゴンズ史・自分史(特に「コラム」)を交錯させて記述することを企図した。いうまでもなく江草さんに大いに手助けしていただいた。心より感謝申し上げる次第である。

6．少年の頃に野っ原で野球を楽しんでいた時から今日まで、私の人生に常に寄り添ってきた野球。この野球に時々、大きな刺激と強いアクセントを与えてくれた野球場という異空間で、異次元の高校野球やプロ野球をみに連れていってくれた父と兄に感謝したい。今でも、時々観戦にいく球場が近づいてくるだけでワクワクドキドキするほどである。

このワクワクドキドキ感をもっと多くのファンと共有したい。プレーして楽しく、観戦して熱狂し、談じて面白い野球。日本で野球が興じられて１３０年余りが経つだろうか。子規はその先達の一人である（２００２年に野球殿堂入り）。プロ野球は今少しその歴史は短いが、今日ではもはや日本人の生活にしっかり根付いた公共文化といって十分だろう。いっそう幅広く、力強く振興させていきたいものである。本書がその一助になればと願っている。

最後に、今月の17日、78歳で亡くなった高木守道氏にふれておきたい。決して大きくはない体躯で実働20年。２２７４安打、２３６本塁打、３６９盗塁（盗塁王３度）、そして華麗なバックトスの名二塁手。俊足好打の〈2代目ミスタードラゴンズ〉にふさわしい活躍であった。感動深い数々のプレーを見せてくれた高木氏に、唯々感謝するばかりである。

２０２０年１月30日

【参考文献・資料】

中日ドラゴンズ編『中日ドラゴンズ70年史』（中日新聞社、２００６年2月）、（略称『70年史』）
中日ドラゴンズ編『中日ドラゴンズ80年史』（中日新聞社、２０１６年3月）、（略称『80年史』）
アル・カンパニス著／内村祐之訳『ドジャースの戦法』（ベースボール・マガジン社、１９５７年）
Wikipedia（２０１９年9月～11月時点のもの）

＊参考文献等からの引用や参照のさいは、当該個所の（例）『70年史』の頁数を本文中に明記した）

福吉　勝男（ふくよし　まさお）

　１９４３年京都府生まれ。１９７２年名古屋大学大学院文学研究科博士課程修了。名古屋市立大学名誉教授。学術博士。専門分野は、哲学・倫理学。

　主な著書に、『大学の危機と学問の自由』（共著、法律文化社、２０１９年）『福沢諭吉と多元的「市民社会」論』（単著、世界思想社、２０１３年）『現代の公共哲学とヘーゲル』（単著、未來社、２０１０年）がある。

　論文は、「福沢諭吉とG・W・F・ヘーゲル―〝理想主義的現実主義〟の思想」（『理想』２０１９年3月号）他。

　現在は、専門分野の研究を継続しつつ、専門学校で「生命倫理学」、女子大で「市民社会論」を講義。プロ野球のシーズン中はドラゴンズの応援を、オフには本書の続編準備のために資料収集をしている。

装丁　三矢千穂

中日ドラゴンズを哲学する
　データを超えた野球の〝楽しさ〟

２０２０年３月20日　初版第１刷　発行

著　者　福吉勝男

発行人　江草三四郎
発行所　桜山社
〒467-0803
名古屋市瑞穂区中山町5-9-3
電話　０５２（８５３）５６７８
ファクシミリ　０５２（８５２）５１０５
https://www.sakurayamasha.com

印刷・製本　モリモト印刷株式会社

乱丁、落丁本はお取り替えいたします。

ISBN978-4-908957-11-6 C0095

桜山社は、
今を自分らしく全力で生きている人の思いを大切にします。
その人の心根や個性があふれんばかりにたっぷりとつまり、
読者の心にぽっとひとすじの灯りがともるような本。
わくわくして笑顔が自然にこぼれるような本。
宝物のように手元に置いて、繰り返し読みたくなる本。
本を愛する人とともに、一冊の本にぎゅっと愛情をこめて、
ひとりひとりに、ていねいに届けていきます。